POUR LE CONGO-BRAZZAVILLE
RÉFLEXIONS ET PROPOSITIONS

Collection **Études Africaines**

Dernières parutions

Pierre DANHO NANDJUI, *La connaissance du Parlement ivoirien*, 2000.
Arsène OUEGUI GOBA, *Côte d'Ivoire : quelle issue pour la transition ?*, 2000.
Mahamoudou OUÉDRAOGO, *Culture et développement en Afrique : le temps du repositionnement*, 2000.
Mourtala MBOUP, *Les Sénégalais d'Italie, Emigrés, agents du changement social*, 2000.
Jean-Baptiste Martin AMVOUNA ATEMENGUE, *Sortir le Cameroun de l'impasse*, 2000.
Emmanuel GERMAIN, *La Centrafrique et Bokassa (1965-1979)*, 2000.
Marcel GUITOUKOULOU, *Crise congolaise : quelles solutions ?*, 2000.
Cheikh Yérim SECK, *Afrique : le spectre de l'échec*, 2000.
Félix YANDIA,*La métallurgie traditionnelle du fer en Afrique centrale*, 2001.
Facinet BÉAVOGUI, *Guinée et Liberia XVIe-XXe siècles*, 2001.
Richard MBOUMA KOHOMM, *Cameroun : le combat continue*, 2001.
Alain GONDOLFI, *Autrefois la barbarie*, 2001.
A.C. LOMO MYAZHIOM, *Mariages et domination française en Afrique noire (1916 – 1958)*, 2001.
A.C. LOMO MYAZHIOM, *Sociétés et rivalités religieuses au Cameroun sous domination française (1916 – 1958)*, 2001.
Célestin BLAUD, *La migration pour études*, 2001
Y. E. AMAÏZO, *Naissance d'une banque de la zone franc : 1848-1901*, 2001.
A.Y. SAWADOGO, *Le président Thomas Sankara, chef de la révolution burkinabé*, 2001.
Côme KINATA, *Les ethnochefferies dans le Bas-Congo français : collaboration et résistance. 1896-1960*, 2001.

Théophile OBENGA

POUR LE CONGO-BRAZZAVILLE
RÉFLEXIONS ET PROPOSITIONS

L'Harmattan
5-7, rue de l'École-Polytechnique
75005 Paris
France

L'Harmattan Inc.
55, rue Saint-Jacques
Montréal (Qc) CANADA
H2Y 1K9

L'Harmattan Hongrie
Hargita u. 3
1026 Budapest
HONGRIE

L'Harmattan Italia
Via Bava, 37
10214 Torino
ITALIE

Gouverner sagement, c'est prévoir lucidement.

ISBN : 2-7475-0424-7

DE QUOI S'AGIT-IL ?

Cet essai **Pour le Congo** s'inscrit dans le cadre d'une tradition, fort longue, du peuple congolais, abusé parfois, souvent, par ses propres élites intellectuelles et politiques.

L'auteur se refuse d'enfiler des perles pour montrer aux Congolais et aux Congolaises de toutes ethnies, de toutes régions ou de tous horizons idéologiques qu'il est possible de vaincre le monstre en nous, de proposer à la Jeunesse des alternatives autres que celles que l'on a pu voir à l'œuvre : détruire, faire couler du sang. Il est en effet possible de rassembler les différences, les particularités, les volontés, les idées, les énergies, sous la loi républicaine, pour bâtir ensemble, toujours ensemble, la richesse humaine, sociale et économique du Congo. C'est ainsi que je comprends le sens du « pardon » que le Président Denis Sassou Nguesso a demandé au peuple, à maintes occasions officielles.

Nous vivons dans un contexte qui est aujourd'hui celui de la Renaissance Africaine et de la Globalisation. Il faut en prendre la mesure, jauger le possible, entrevoir l'utile, saisir le bénéfique. Notre génération jouerait mal en se cramponnant des années durant, sur des visions locales étriquées et sans lendemain. Du plus loin que l'on puisse regarder, on ne devrait voir dans ce pays que l'espoir des moissons futures.

Le constat suivant peut être fait de l'attitude de certains intellectuels au lendemain des atrocités qui ont anéanti le Congo. On pointe le Pool du doigt comme étant le berceau de l'intolérance politique à cause d'une longue histoire politico-messianique. On propose la scission du Pool au sein du Congo. Parfois, on se déclare colombe devant le désastre national. Des éclaircissements sont apportés afin d'éviter toutes sortes de confusions politiques.

La tradition à laquelle il a été fait allusion au début se comprend dans une acception congolaise du courage, de l'honneur, de la dignité, de la foi et de l'espoir. Quand tout semble perdu, épars, inerte, le Congo repart toujours à l'assaut du nouveau, à cause de la force de cette tradition dont les origines remontent très loin dans le passé de ce pays.

En interrogeant la vraie physionomie du Congo, son fleuve nourricier et protecteur, son chemin de fer – un legs colonial –, ses hommes et ses femmes qui ne connaissent que des travaux champêtres dans leurs régions, on comprend tout de suite les grandes valeurs de la tradition culturelle congolaise. Il y transparaît toujours, en effet, ce courage, cette même dignité, cette foi et cet espoir.

C'est en se servant de ces «briques», qui existent et sont là – encore une fois le courage, la dignité, le travail, la foi et l'espoir – que le Congo peut se rassembler et s'accrocher à un plan précis d'avenir.

Il faut utiliser ces « matériaux » parce qu'ils favorisent le dialogue politique national, la conversation inter-régionale, la paix sociale. Beaucoup de courage est requis aujourd'hui au peuple congolais, pour envisager autrement le futur. C'est l'honneur qui guérit et sauve, et non les triomphalismes ou les rancœurs politiques et encore moins les peurs. L'honneur est un chemin de lumière, de clarté, de dignité et non de confusion ou d'explication historique inachevée.

À la question posée : « De quoi s'agit-il? », le lecteur peut répondre avec l'auteur qu'il s'agit d'aider à l'émergence d'autres positivités collectives pour le bien et la grandeur du Congo.

I. - ÉCLAIRCISSEMENTS

Lorsque sont détruites et anéanties les complexités sociologiques et psychologiques qui font vivre l'être humain en harmonie avec la communauté nationale, il faut être prudent dans les analyses même si l'Arche, perdue, vogue encore sur les eaux démontées.

Puisque le sentiment national, la flamme patriotique, le sens de l'État et du devoir sont encore bien minces au Congo, les guerres civiles, longues et atroces, renforcent les peurs ethniques et régionales. Il faut vaincre ces peurs profondes collectives pour construire encore, ensemble, aujourd'hui et demain, et pour ne plus jamais prendre le gros risque de détruire son propre effort de développement. Le bilan psychologique devrait amener à cette promesse des habitants du Congo pour leur pays.

Quant au bilan infrastructurel, il devrait lui aussi montrer aux yeux des Congolais et à leur conscience collective, l'Injustifiable, sans écran. Ce qui veut dire que toutes ces maisons saccagées, ces villages bombardés, ces villes exterminées, ces brousses éventrées, ces chemins coupés, et leurs ponts brisés ne se justifient nullement au nom d'aucune politique humaine, au nom d'aucune valeur culturelle congolaise.

Il faut le faire également : le bilan politique. Les partis politiques ont presque tous fait les guerres. Ils ont tous commis des crimes, des génocides, des assassinats, détruit l'édifié, le bâti. Le Congo a horriblement souffert, à cause de ses hommes et femmes politiques, les uns se déclarant « vainqueurs », les autres digérant à peine leur « défaite » de « vaincus ». Et les « vainqueurs » se montrent « généreux » puisqu'ils appellent au gouvernement quelques membres des parties de la « défaite », etc. Ces raisonnements indiquent juste le peu de clairvoyance politique de la classe politique congolaise, dans son ensemble.

Il était question de « guerres civiles ». Telle est la nature de ces nombreuses guerres, de 1994 à 1999. Après la guerre civile, c'est normalement tout le monde qui gagne avec le parti gagnant, pour bâtir ensemble, collectivement, avec toutes les ethnies, toutes les régions, toute la nation retrouvée. La victoire ne conduit pas à l'exclusion mais au rassemblement national. Ce ne sont pas deux ou trois nations qui se sont battues au Congo, mais le Congo contre le Congo : à la fin des hostilités criminelles, ce n'est pas l'une des trois nations belligérantes qui a gagné, mais bien le Congo à travers les « vainqueurs ». Si les choses ne sont pas vues de cette façon, on aboutit à la scission, à la partition du pays.

Bilan psychologique, bilan économique, insfrastructurel et politique, réflexions pour demain, toute une somme d'idées et de concepts à promouvoir de façon positive.

La Transition devrait servir à cela, sinon le Congo retombera, tôt ou tard, dans l'impasse meurtrière. Le camouflage et le mensonge politiques continus doivent être abandonnés. Nous devrions pour cela aider le Congo.

Devant cet immense désastre national, dû aux habitants du Congo eux-mêmes, quatre groupes de réactions peuvent être discernés de la façon suivante.

I - Le Professeur Jean-Pierre Makouta-Mboukou et la scission du Pool

Le Professeur Makouta-Mboukou, écœuré à juste titre, propose la scission : le Pool, peuplé, s'en allant seul, amer, avec ses cadres et ses valeurs, jusqu'au bout du monde. Ou alors, appendice du Congo démocratique (ex-Zaïre), faire désormais chemin avec l'autre rive des Kongo, en ce bas parcours du fleuve Congo, de Bacongo à Matadi. Le Pr. Makouta-Mboukou a diffusé sa position écrite dans les milieux politiques français, aussi bien à l'Elysée qu'à Matignon. Comme pour donner l'impression de faire avancer les choses, il s'est jeté, corps et âme, dans la création du « Collectif d'Intellectuels Congolais Originaires du Pool » (CICOP). C'est présomptueux pour rien. Il n'est pas insensé d'avoir la mesure des mots et des choses.

Pour aller à l'essentiel, double est l'erreur du Pr. Makouta-Mboukou. Premièrement, le Pool n'est pas confit en dévotion à un Congolais, quel qu'il soit. Deuxièmement, le Pool est dans le Congo et le Congo dans le Pool, c'est-à-dire que le Congo demeure un État souverain et maître de toutes ses régions. C'est par conséquent à l'ensemble du Congo de décider, par référendum. Ce n'est pas le cas, encore moins le souhait, le désir, la volonté du Congo. Il faut s'enquérir de savoir si le Congo démocratique (qui va de Kinshasa à Lubumbashi, du Bas-Congo au Kivu, jusqu'aux Grands Lacs Africains) entend incorporer le Pool dans son espace territorial actuel. L'Unité africaine n'inspire pas, tant s'en faut, la démarche du Pr. Makouta-Mboukou.

L'écrivain est, semble-t-il, aux confins du mauvais goût politique et démocratique. Il ne faut pas que nous nous perdions, intellectuels congolais, dans nos chaussures. Le Pool atteint, bombardé, violé, assassiné, c'est tout le Congo qui a été pavoisé de drapeaux noirs. Le malheur d'une région est le malheur de tout le pays, de toute la communauté nationale. C'est ensemble qu'il faut relever la tête, pour bâtir encore, et toujours, dans l'unité nationale.

2 - Ceux qui attaquent le Pool et son messianisme politique

C'est notamment le cas de Joseph Mampouya, anthropologue et philosophe, habituellement bien inspiré, quand il analyse le tribalisme. Dans son livre, *Une histoire de rat* (Paris, 1999), il s'en prend à l'homme politique congolais, Bernard Kolélas qui ramasse toutes les injures du monde. C'est assez curieux, de faire de Bernard Kolélas un véritable traîne misère. Mampouya est d'humeur trop gaillarde.

Les Kongo, Lari, Sundi, Hangala sont globalement considérés comme des êtres irréfléchis, maudits, prêts à suivre bêtement n'importe quel prophète illuminé. On abuse peut-être facilement de l'ensemble ethnique kongo-lari-sundi, car cet auteur insinue que l'esprit critique est inconnu au sein de cette ethnie. Le « dernier » messie, Bernard Kolélas, serait un homme sans scrupule politique, fabriqué par Marien Ngouabi et Denis Sassou Nguesso. Ainsi argumente notre collègue Mampouya, sans quart de soupir.

Le Président Ngouabi est mort, assassiné. Le Général Sassou Nguesso a-t-il le sentiment d'avoir fabriqué politiquement Kolélas, c'est-à-dire un messie trompeur, un illuminé fanatique, un éternel querelleur ? Est-il responsable de la création de l'homme politique Kolélas ? Je doute, fort. Mampouya n'apporte pas non plus des faits historiques suffisants et probants. Le Général Sassou Nguesso a peut-être aidé Kolélas politiquement. Kolélas ne serait pas seul dans ce cas. Mais Kolélas serait-il la création politique de Sassou ? Kolélas lui-même adhère-t-il à cette explication de sa carrière politique ?

Si c'est vrai, d'après Mampouya et ses nombreux émules, Sassou Nguesso serait donc le réel responsable des actes politiques, tous, posés par Kolelas. Le Pool mériterait d'être bombardé, pour qu'on en finisse une fois pour toutes avec son messianisme politique invétéré. Tout le Pool est montré du doigt par ses propres enfants. L'un d'eux, Kolélas, est particulièrement visé, sali, vomi, crucifié. Le Pool a été bombardé de Bacongo à Mindouli, de Mbandza Ndounga à Mayama, ce serait à cause du seul Bernard Kolélas qui se veut ou se voulait un destin de sauveur du Pool (sans le reste du Congo, apparemment). Il ne me paraît pas du tout correct de faire de Kolélas juste un « micheton » politique fanatique.

Le Pool a subi, dans la mort. Il est malheureux de justifier l'injustifiable, et de tout mettre sur le dos de Kolélas.

3 - Ceux qui proclament leur attitude de colombe

Il faut reconnaître, honnêtement, que les récentes guerres civiles n'ont pas eu l'adhésion de tous les partis politiques congolais. A côté des Faucons : Cobras, Ninjas et Cocoyes et autres Mambas, il y a eu certainement le parti des Colombes, c'est-à-dire des partis politiques partisans de la paix. Ce fut à l'honneur de la politique et du pays.

Cependant, après le désastre national provoqué par ces récentes guerres civiles, il est peu courageux de proclamer son innocence politique : le pays est à genoux, aucun Congolais ne peut s'estimer debout, seul, tel un héros. On ne peut pas bombarder Owando et jouer du tam-tam à Bétou en disant que cela ne concerne pas Bétou.

On ne peut pas détruire Brazzaville, Dolisie, et jouer de la flûte à Ouesso. Au nom de l'unité nationale, de la solidarité républicaine, de l'amour patriotique, un moindre malheur ici doit être vécu comme tel, là.

Au niveau des responsabilités étatiques, gouvernementales, on ne se soucie pas d'une seule région, d'une seule ethnie, mais de toutes les régions et de toutes les ethnies. Or les partis politiques ont des ambitions nationales, le discours politique doit par conséquent avoir une hauteur nationale.

Un discours politique « local », « partisan », justifiant une sorte d'irresponsabilité nationale montre que les consciences ne sont pas tout à fait ouvertes aux concepts de « nation », de « patrie » et de « république ».

Faire un bilan politique en se dégageant du malheur collectif, en cherchant à jusfifier son innoncence, c'est renforcer le sentiment de culpabilité chez les belligérants. Et les « vainqueurs » verraient mal comment un « innocent » viendrait au gouvernement avec eux, diriger les effets de la guerre, préparer la Transition, proposer de nouvelles perspectives au peuple tout entier.

Le désastre, c'est notre désastre. C'est toute la nation qui doit le relever. Le devoir politique de l'actuelle génération est de penser moins à elle-même et plus aux générations à venir. Le regard historique, demain, sera global, et non partiel, partisan, étriqué, étroit, médiocre. Le destin historique lui-même est à la hauteur de la nation et non des régions et ethnies, et encore moins au niveau des partis politiques. Le Congo est au-dessus de tous les partis politiques réunis. Les partis politiques se créent, s'allient, se déchirent, se combattent, disparaissent, se renouvellent, changent, connaissent des mutations, etc. Mais le Congo, égal à lui-même, ne disparaîtra pas, car il échappe au temps des hommes ou de chaque individu. Demain, l'Unité africaine rendra le Congo plus fort.

Telle devrait être l'une des grandes conclusions du bilan politique, et non la disculpation facile, le retrait du malheur national. La rupture à faire, c'est avec la facilité, la médiocrité, les mesquineries, les trivialités locales et partisanes, les étroitesses de vue. Il convient de rompre également avec le mensonge politique, la peur de la réalité sociologique et politique vécue par le peuple tout entier. Il faut guérir, et non laisser saigner les horribles plaies psychologiques et sociales des guerres civiles congolaises.

4 - Le Président Denis Sassou Nguesso, son attitude positive

On peut agir – et on l'a fait – dans le sens d'isoler le Président de la République, le Général d'Armée, Denis Sassou Nguesso, de la paix sociale et de l'unité nationale, en mettant l'accent comme le fait Jean-Paul Pigasse, sur les « génocides et génocidaires » : d'un côté, les Anges qui n'ont pas fait la guerre, mais qui ont gagné ; de l'autre, les Démons qui ont fait la guerre mais l'ont perdue, et qui sont néanmoins à pendre. Le beau livre blanc de J.-P. Pigasse et Cie. En sus, une chronologie des faits, splendide, non truquée. De l'intelligence historique pure qui se paie à coup de millions de francs, dans un pays au bord de la mort. Généreux, n'est-ce-pas ?

Cet homme de dévouement et de sacrifice à la cause congolaise comprend-il ce qu'il est en train de faire dans ce pays de nègres ? Ne pousse-t-il pas à la violence, à la haine, au sang ? Il affirme certainement à tort que c'est Pascal Lissouba qui a rédigé la Constitution de 1992 alors que tous les citoyens congolais savent que c'est leur avocat, Me Martin Mbemba, qui s'est réclamé en être l'auteur lors de la dernière élection présidentielle. Pourquoi Pigasse étale-t-il tant d'allégations éthérées ?

Pigasse et les siens prétendent que les bombardements de Bacongo et des contrées du Sud du Congo – Pool, Bouenza, Lékoumou et Niari – ont été exécutés lors des dernières guerres civiles (1998-1999), en créant d'abord des couloirs humanitaires. L'homme de service cache la vérité. On peut le dispenser de donner le nombre exact de villages bombardés, d'hommes, de femmes, de jeunes et de bébés morts. Des êtres humains devenus animaux errant dans les brousses et les forêts.

Pigasse sème la confusion, crée et maintient la désunion entre les habitants du Congo. On peut remarquer que d'ordinaire les journalistes font preuve d'une certaine éthique et d'honnêteté intellectuelle. Ce n'est pas du tout le cas avec les caricatures évasives de Pigasse.

Voici donc un journaliste qui gagne sa vie, très gracieusement, en se moquant des populations congolaises : par la diffusion du mensonge, par la diffamation d'hommes politiques congolais (de quel droit ?). Il procède par l'incitation à la haine, au mépris des Congolais les uns des autres, etc. Qui paie les salaires assez rondelets du clan Pigasse ? On lorgne du côté d'Elf. Est-ce sûr ? Et pourquoi ? Pigasse, on le dit ami de Tarallo.

Dans certains écrits, Pigasse tend à faire du général Sassou Nguesso un bandit, un revanchard, un homme de haine, de division, un tribaliste, un Mbochi guerrier et destructeur, un homme d'État peu soucieux de son pays. Toute la grande propagande de Pigasse ne fait que cela, ne dit que cela, à qui sait lire entre les lignes de sa belle prose. Pas un seul paragraphe de vérité ou, simplement, de propos objectifs. Pigasse ne fait que mentir. Il faut qu'il arrête ce vilain jeu, même s'il est lucratif, pour lui et ses proches. Les Congolais sont grands, capables de régler eux-mêmes leurs problèmes urgents. Ils n'ont pas besoin d'un sectateur de la discrimination pour cela. Si des hommes et des femmes politiques congolais méritent la mort, c'est l'affaire du peuple congolais, de sa justice, et non celle d'un individu avide d'argent. Pourrions-nous enfin espérer un terme à ce mépris fondamental de l'homme noir ? Assez de cette violence inadmissible, de Pigasse, mué ric-rac en procureur de la République et en doseur de peine relevant de la loi congolaise.

Sassou Nguesso n'est probablement pas ce que Pigasse voudrait présenter : un homme du Nord acquis à la violence politique, corps et âme. Je peux le dire, en voyant les choses de l'intérieur : les Mbochi ne sont pas du tout des guerriers, mais des hommes et des femmes braves, courageux, n'ayant presque pas peur du danger (quel qu'il soit). Par-dessus tout, les Mbochi, comme de nombreuses populations bantoues, ont un très grand sens de l'honneur personnel, familial, clanique et tribal, ethnique. Jacques Opangault a exploité ce grand sens de l'honneur chez les Mbochi. Les Mbochi étaient acquis à sa cause et à son parti, parce qu'ils voyaient en Jacques Opangault l'incarnation vivante de l'honneur, tel que conçu et vécu par eux.

Militaire, le Général Sassou Nguesso a cet honneur natif mbochi et que l'on peut également rencontrer dans d'autres ethnies ou chez d'autres individus au plus fort : il veut gagner, dominer, apparaître plus que brave. Les Mbochi, sans rien connaître de l'histoire de France, affectionnent cependant le général de Gaulle, à cause de son honneur, en refusant l'humiliation imposée par les Nazis.

C'est ce sens de l'honneur qui dicte à Sassou Nguesso de demander pardon au peuple congolais tout entier, devant le désastre. Le Général Sassou Nguesso a demandé, à plusieurs occasions, pardon au peuple, à toutes les ethnies, non point par faiblesse, mais par honneur, par devoir national dicté par l'honneur.

Sassou a demandé pardon au peuple congolais. C'est signe de courage, car il sait comment le pays a basculé dans la folie meurtrière. C'est la direction à suivre : pardon du mal fait, pardon à cause des faiblesses de la classe politique qui a préféré la guerre au dialogue politique, pardon pour tout ce qu'ensemble nous avons perdu, pardon d'un Congolais au nom de tous les hommes politiques congolais, pour que le Congo se retrouve et avance sur le chemin de la liberté et de la démocratie, pardon pour rendre les rancunes vaines et inopérantes.

Le pardon au peuple congolais voudrait dire que Lissouba, Kolélas, Yhombi, Ganao, etc. devraient, individuellement ou collectivement, demander pardon au peuple congolais tout entier.

Le pardon politique, prononcé en toute âme, en toute conscience, en toute sincérité, touchera en effet le peuple au plus profond de lui-même. Le peuple pardonnera à ceux qui demandent pardon. Le pardon au peuple congolais est plus fort que tout ce fatras livresque de Pigasse sur les génocidaires. Le pardon demandé en toute humilité au peuple signifie que les régions, les ethnies, les villages, les villes, les chemins peuvent s'ouvrir encore, dialoguer, tenir conversation, palabrer, construire demain ensemble.

Toutes les déclarations, tous les textes d'accord, toutes les positions devraient comporter le pardon à demander au peuple congolais, pour toutes les destructions subies, les assassinats, les crimes, les viols, les pertes, les gaspillages de la Jeunesse congolaise, les peines, les haines, les incompréhensions, les fanatismes, les aveuglements et autres inconsciences collectives.

Le Président de la République n'a pas vraiment à demander pardon au peuple. Il a gagné. Il est au pouvoir. Il dirige et commande. Il est le chef des forces armées nationales. Il est le chef de l'exécutif. Un acte fondamental, tenant lieu de constitution, a été conçu à la mesure des circonstances. Et puis les guerres sont finies. Les hommes politiques ne se promènent plus le couteau entre les dents. La jeunesse réalise peu à peu ce qu'on lui a demandé de faire : la destruction par le feu et l'arme lourde du pays.

Cependant, Sassou a demandé pardon. Pardon à nous-mêmes. Pardon aux familles, aux parents, aux amis. Pardon, en signe de courage, de lucidité et d'honneur. Pardon, pour rassembler et avancer dans les idées et les actes de bien et de développement. Ces éclaircissements me paraissaient nécessaires à mettre en relief.

5 - Le dialogue global

Pourquoi le dialogue ? Quelle doit en être la dimension ? Pour quelle finalité politique ?

La situation est « bloquée ». Le bateau national penche trop d'un seul côté. Il y a encore risque de noyade dans le sang par la violence politique. Le dialogue est donc une discussion urgente et nécessaire entre les parties concernées visant à trouver un terrain d'entente.

Quelles sont les « parties concernées » ? Pas nécessairement des individus, des personnes physiques, mais des partis, associations et mouvements politiques concernés. Le peuple congolais n'a aucun problème avec lui-même. C'est la classe politique qui entend sauver ses intérêts, les préserver, les regagner, en jouir, etc.

Le dialogue doit être global pour ces grandes raisons qui me paraissent incontournables :

– impliquer toutes les parties (et non nécessairement des personnes physiques), tous les partis politiques qui sont des personnes morales, toutes les associations et tous les mouvements politiques : pour avoir à faire à toute l'opinion nationale, si tant est que ces mouvements, associations et partis représentent réellement l'opinion nationale (et non des tribus, des clans, des familles, des villages, purement et simplement) ;

– viser les problèmes d'intérêt général et non des problèmes à dimension personnelle et clanique : il faut éviter l'intégrisme, le tribalisme, le régionalisme, le chauvinisme, l'égoïsme tribal, sinon le dialogue n'aboutira pas.

Or les marques de noblesse de la classe politique congolaise sont : l'intransigeance, l'intolérance, la haine humaine et politique, le refus du respect de l'État et de ses lois, l'indiscipline collective, l'entêtement dans le mal, le mépris hautain de l'adversaire politique, l'égoïsme renforcé par un narcissisme inconscient. Ce qui divise les Congolais est plus fort que ce qui les unit : ce qui les rassemble, le sol natal, le pays, le Congo, mais tous les partis politiques s'estiment au-dessus du Congo ; ce qui les divise, la haine humaine et politique, le refus de l'humilité, le mensonge politique.

Il existe au Congo, déjà, plus de 30 textes constitutionnels (Constitutions et Actes fondamentaux), plus de 200 Accords entre divers partis, entre gouvernements et partis, plus de 300 partis politiques claniques et familiaux, plus de 600 sectes, cultes et religions. Le tout dans une indiscipline collective affectionnée.

Les conférences nationales, les forums politiques et les grandes messes épiscopales sur la place publique sont très réguliers et cycliques au Congo : en 1972, en 1991, en 1997, en 1998, en 1999, etc. Mais demeurent toujours deux rocs lourds : le dénigrement, l'injure, la mauvaise foi, l'égoïsme et le manque criard de grandes idées générales. Ces assemblées bruyantes sont pleines d'hypocrisie, de coups bas, de calculs mesquins, personnels. Le Congo est un immense temple, sans plafond, sans colonnes et même sans sanctuaire.

Encore une maladie congolaise assez caractéristique. C'est que le Président de la République, dans ce pays, est traité et considéré avec banalité, platitude, insignifiance, irrévérence, irrespect. Ce n'est pas normal. La politique ne signifie pas sectarisme. Le Président de la République est l'incarnation de la communauté nationale entière, et des valeurs. Il n'est pas un simple acteur social et politique parmi d'autres. Il est le garant des institutions, des libertés, de la démocratie. Il doit s'occuper des grands dossiers du pays. De même qu'il devrait veiller à la juste et équitable répartition du revenu national. Le Président de la République est le personnage le plus haut, le plus considérable dans une république. Il est le chef de l'État.

Compte tenu de tout ce qui précède (psychologie politique congolaise, partis claniques et familiaux innombrables, activisme politique en signant textes, accords et actes des milliers de fois, décomposition économique et sociale du pays, personnage du Président de la République, etc.), le dialogue global devrait :

– bénéficier d'une amnistie générale promulguée par le Président de la République en direction de toute la classe politique congolaise, sans empêcher pour autant la justice républicaine de faire sereinement son travail au plan civil ;

– favoriser le retour à la paix sociale par le respect de l'État, de la République, de la démocratie à construire : la défense des intérêts de l'État congolais doit être assurée par les Forces armées congolaises et non par des armées étrangères (ce qui est une forme de grande humiliation pour nos Forces, pour l'opinion internationale, pour la conscience nationale congolaise et, demain, pour les historiens qui analyseront la politique congolaise).

– aider la Jeunesse à abandonner la culture du crime inculquée par la classe politique qui a eu des milices sous sa tutelle ;

– aménager efficacement les organes qui gèrent le pays : le Gouvernement de la République, le Conseil national de transition (qui devrait être plus rigoureux dans la gestion de l'argent public) ;

– soutenir le Président de la République dans la solution des grands problèmes nationaux.

II. - GLOBALISATION, UN RITE DE PASSAGE

Le Congo n'est pas isolé. C'est un pays africain. L'Afrique elle-même est un continent du globe terrestre. Le Congo fait partie du monde. C'est un aveuglement incroyable que de se croire seul au monde. Tout au contraire, le Congo et l'Afrique font partie, en bien ou en mal, de ce qu'on appelle aujourd'hui « globalisation » ou, surtout en Europe, « mondialisation ». Qu'est-ce ?

Notre contexte mondial, international, est aujourd'hui celui de la « globalisation », qu'on le veuille ou non. C'est notre contexte existentiel le plus vaste. Il s'agit tout simplement, pour l'historien, des « économies-mondes » selon les mots de Fernand Braudel. Ce qui est aussi vieux que l'histoire de l'humanité. En effet, la globalisation a toujours existé : ces grandes migrations d'êtres humains et de produits ; ces routes transcontinentales, maritimes et terrestres, transportant la soie, la porcelaine, le sel, le blé, le fer, l'or, la monnaie, etc. Les Phéniciens dans l'Antiquité, les navigateurs espagnols et portugais du Moyen-Age, les voyages réels autour du monde à l'avant-veille des Temps modernes : tout cela fut, tour à tour, de la globalisation. Le capital contemporain, si bien décrit par Karl Marx, n'est qu'une accumulation progressive d'un long processus d'idées et de pratiques qui prônaient, avant le mot, les échanges commerciaux au plan international, intercontinental et planétaire.

Mais il serait bien incomplet de s'arrêter au niveau de l'économie, du commerce mondial, de la circulation internationale des biens et services, de nos jours. La globalisation dont on parle aujourd'hui a commencé dans la maîtrise d'une nouvelle forme d'énergie : l'énergie nucléaire, après l'énergie animale, humaine, électrique (aux sources variées : eau, pétrole, etc.).

En février 1956, Khroutchev (1894-1971) renonce à la thèse de

Lénine (1870-1924) selon laquelle la guerre est inévitable entre les États capitalistes. Mais Staline (1879-1953) et le physicien Igor Kourchatov (1903-1960) avaient déjà mis en place l'héritage nucléaire soviétique : 29 août 1949, bombe atomique; 12 août 1953, bombe à hydrogène; 22 novembre 1955, superbombe.

Auparavant, deux bombes atomiques américaines furent jetées sur Nagasaki, le 9 août 1945 et sur Hiroshima, le 16 août 1945. Résultat des travaux du laboratoire de Los Alamos dirigé par J. Robert Oppenheimer (1902-1967), lors du développement de la première bombe atomique américaine (1942-1945).

De 1954 à 1967, une quinzaine de physiciens et chimistes chinois, sous la direction du physicien Wang Ganchang, diplômé d'Allemagne, et du physicien théoricien Peng Huanwu, diplômé de Grande-Bretagne, développent la force nucléaire de la Chine : le 16 octobre 1964, ce fut la première bombe atomique chinoise; le 17 juin 1967, advint l'explosion de la bombe à hydrogène chinoise, etc.

L'infrastructure nucléaire de l'Inde a été mise au point, développée et rendue opérationnelle, de 1969 à 1991. Mais le Centre de Recherche Atomique de Trombay a été inauguré par le Premier ministre J. Nehru, le 20 janvier 1947, en compagnie du physicien Homi Bhabha, spécialiste du rayonnement solaire, homme de grande vision, premier maître d'œuvre de la force nucléaire indienne. Il mourut dans un accident d'avion, en 1966. Par la suite des savants comme Homi Sethna, Raja Ramanna, V.S. Arunachalam, P. K. Iyengar, A. P. J. Abdul Kalam (le « père de la bombe » de mai 1998), R. Chidambaram, F. Abdullah, etc., prirent brillamment le relai.

On se souvient que le septennat du Président Jacques Chirac avait immédiatement commencé par plusieurs tests nucléaires français. Les experts et diplomates américains avaient pensé à une recherche de renom international personnel de la part du Président de la République Française.

Le Pakistan, la Corée du Nord, Israël, etc., ont à leur disposition une force de frappe nucléaire. L'Irak est constamment harcelé par les Américains, car ce pays est soupçonné d'être à même de posséder l'arme nucléaire. Le Soudan en sait quelque chose, ayant été atteint depuis l'Océan Indien. L'Egypte a du nucléaire.

Globalisation : commerce international, communication intercontinentale presqu'instantanée, prolifération du nucléaire, sillonnage des océans et mers par des bateaux de guerre et des sous-marins atomiques, satellites scientifiques et militaires surveillant en permanence la terre. Globalisation : culture euro-américaine envahissant le monde (modes, normes de travail, séries télévisées et films, drogues et maladies, mœurs sexuelles, etc.)

On devine la fragilité extrême de l'Afrique entière. Les études stratégiques et géostratégiques entreprises aux USA notamment, montrent que les nations et les États du monde cherchent présentement à élever leur niveau scientifique. La globalisation vraie demande aux nations du monde d'avoir une certaine classe scientifique internationale. L'Afrique doit développer son programme nucléaire.

Cheikh Anta Diop et Abdou Moumouni l'avaient compris très tôt, en faisant tout leur possible pour installer la science de pointe en Afrique noire. Le Président Kwame Nkrumah avait fortement pensé au nucléaire africain.

Ainsi, la globalisation, dans la guerre comme dans la paix, conduit aujourd'hui l'humanité vers des horizons tout à fait neufs. L'humanité semble se réconcilier avec elle-même. Mais au nom de quelles valeurs ?

La liberté et la paix, certes. Pourquoi pas les valeurs de solidarité humaine, de partage du produit de l'effort commun ? Pourquoi pas l'effacement pur et simple des dettes et d'autres injustices entretenues au plan mondial par des systèmes financiers et bancaires de profit absolu pour eux-mêmes ?

Aujourd'hui, des peuples se battent, à l'heure de la globalisation, au sujet du droit à la terre, énoncé en Europe, pour la première fois, par le roi d'Angleterre John, lorsqu'il signa, le 15 juin 1215, la Magna Carta.

La pensée politique occidentale doit beaucoup à ce texte : les idées du Siècle des Lumières sur la liberté, le principe juridico-politique que nous appelons aujourd'hui la « règle de la loi » (« rule of law »), la force morale qui pousse au respect des droits d'autrui et à l'exigence d'une cour de justice, l'Habeas Corpus, le droit du Parlement de légiférer, etc., ont leur source dans cette Magna Carta. Les normes internationales, notamment les préceptes relatifs aux droits humains développés depuis la Deuxième guerre mondiale, par la Déclaration Universelle des Droits de l'Homme (1948), ont aussi leur point de départ dans la Magna Carta.

La globalisation défend, elle, les droits de l'Homme contre les violations de toutes sortes. Il n'y a pas de globalisation sans Droit, sans normes juridiques favorables à la liberté, à la justice, à la vérité, à la protection de l'Homme contre l'arbitraire et la tyrannie. Il doit y avoir des traditions universellement acceptées du Droit. C'est le Droit international et ses Cours, capables de légiférer sur les problèmes internationaux intéressant toute l'humanité.

Sous nos yeux, l'Europe centrale s'est éclatée par manque du droit à la terre, du droit à l'auto-détermination et du droit à la vie nationale. Les constitutions des nouvelles Républiques créées reformulent aujourd'hui certains principes fondamentaux de la Magna Carta, comme le firent les Américains il y a près de trois siècles.

Les belles envolées, parfois mystiques, sur l'An 2000 et le troisième millénaire, sont souvent assez superficielles. Mythes et symboles globalisants flattent l'imaginaire humain : hier, la peur de la famine et de la peste ; aujourd'hui, les gadgets de l'univers galiléo-cartésien envahissent la vie humaine. Le clonage peut se globaliser. La génothèque, soit la banque du gène, la carte du génome humain, sont l'avenir fort proche de l'effort humain à grande échelle. L'idéologie de la biologie moderne peut continuer de faire des ravages, amplement, comme le racisme que l'Europe et les USA vivent encore aujourd'hui comme une paranoïa collective. Le culte de l'argent déifié a fait de la corruption un phénomène socio-politique global et universel.

Il revient à dire que la critique, la vigilance intellectuelle, la raison éveillée, l'émotion humaine, le sens de la mesure des choses et des idées, doivent constituer, impérativement, les outils précieux de la globalisation que l'on voudrait réduire au seul commerce international, aux seuls réalités économiques mondiales.

L'Afrique, berceau de l'humanité actuelle, a des valeurs culturelles, philosophiques, psychologiques, spirituelles, pour éviter au monde une globalisation de simple profit financier. L'Europe et les USA ne croient plus aux dieux et déesses qui ont créé le monde. Roger Garaudy, philosophe français, titrait autrefois, dans les années 60 : « Dieu est mort ». Il n'y a plus que le formalisme extérieur des gestes, des prières et des symboles. Par démesure et extravagance, la globalisation, telle que conduite par l'Europe et les USA, va vider l'humanité de la transcendance, de la spiritualité.

Voici que dans l'héritage culturel négro-africain, il se trouve le concept de Maât. Ce concept de l'Egypte pharaonique nègre se comprend surtout comme norme et exigence plurielle, multiforme, du Vrai et du Juste, du Bien et du Beau dans l'harmonie nécessaire de l'humanité et de l'univers. Maât est la globalisation par excellence, en gouvernant les dieux et les déesses, les phénomènes naturels, cosmiques, la société, sa bonne gestion, les écologies et leurs systèmes d'équilibre dynamique, les relations humaines. Le bonheur humain ne consiste pas à détruire les écosystèmes par des pétroliers qui polluent à grande échelle, mais à vivre en harmonie avec les milieux, en respectant leurs dynamismes structurels. Sinon, la fragilité humaine est vite vécue, dans le désarroi collectif.

On a fait avec le logos grec. La raison raisonnante a été formalisée, comme seul guide de la connaissance humaine. S'en est suivie l'illusion des statistiques, comme mesure du bonheur social. L'émotion humaine a été écartée de ce monde scientifico-technologique. D'où les traumatismes et les complexes décrits par S. Freud (1856-1939), et que la psychanalyse essaie de décrypter, pour soigner, guérir, consoler, dé-construire et dé-complexer. Ainsi de suite.

Ce schéma culturel guiderait mal la globalisation. Tous les héritages intellectuels de l'humanité doivent intervenir dans les approches globalisantes de la vie contemporaine : les immenses héritages asiatiques, les héritages premiers africains, les héritages magnifiques européens, les héritages puissants des mondes olmec, maya, aztec, les héritages glorieux océaniens peints par Gauguin et exaltés dans *Les Immémoriaux* de Victor Segalen. Il ne s'agit pas d'« universalisme scientifique et culturel », encore moins de « multiculturalisme » (terme combien mystificateur), mais d'ouverture de l'humanité à elle-même, de dialogue global, de rencontre et de conversation culturelle planétaire, sans ossifier les héritages intellectuels des uns et des autres. Schopenhauer (1788-1860) avait déjà préconisé le dialogue entre l'Europe et l'Asie, notamment en sa partie indienne. Bien plus, l'Inde sauvera l'Europe, culturellement et spirituellement, avait également prédit le philosophe allemand.

Les racismes, les ostracismes, les fondamentalismes et autres fanatismes doivent disparaître de la globalisation, qui est plus que le simple fait des échanges commerciaux au plan mondial. La globalisation vide de tout contenu culturel et spirituel rendra l'humanité plus malheureuse.

Ainsi, les Africains ne doivent pas avoir peur de la globalisation s'ils savent rester vigilants et critiques. Ils ont des matières premières, des ressources humaines, des héritages culturels. Ils sont capables de s'unir pour construire ensemble une Afrique forte et prospère, facteur décisif dans la globalisation.

L'Afrique, c'est chacun de ses pays : l'Egypte, la Libye, la Tunisie, l'Algérie, le Maroc, le Sénégal, le Mali, le Ghana, le Nigeria, le Kenya, le Malawi, l'Afrique du Sud, le Congo et tous les autres membres de l'Union Africaine.

Aujourd'hui moribonde à cause de l'incompétence des uns et des autres, à cause des fonds qui ne rentrent pas régulièrement, à cause du manque d'ambitions (et peut-être de foi en la cause africaine), l'O.U.A. doit être néanmoins redynamisée pour affronter les vrais problèmes du continent, solidairement. La globalisation, pour l'Afrique, ne doit pas négliger l'organisation continentale.

Le Congo qui se complaît dans ses guerres civiles éternelles fait un grand tort à lui-même, à l'Afrique et au monde qui se globalise. Un pays qui ne se respecte pas lui-même ne peut pas être respecté par autrui. Un peuple qui n'est pas debout, travailleur, dynamique, est un peuple presque inutile dans le monde d'aujourd'hui. Le Congo doit accorder peu d'importance à ce qui le divertit et gaspille ses énergies collectives. Le Congo doit prendre la mesure du monde, et comprendre que le retard volontaire relève de la sottise et non de l'intelligence. Tous les peuples de la terre lisent aujourd'hui l'horloge du monde : leurs élites intellectuelles, militaires, leurs hommes et femmes d'affaires, leurs jeunesses, leurs guides spirituels, leurs hommes et femmes politiques.

Le monde n'attend pas le Congo. C'est au Congo de se réaliser comme une entité politique, économique, culturelle, scientifique, spirituelle, pour participer au jeu mondial global, avec toutes les autres forces qui luttent pour une humanité moins injuste, moins viciée par la puissance de l'argent, moins servile aux enjeux qui avilissent la communauté internationale.

Il est évident que le Congo est capable de se réaliser de cette belle façon, à condition que le Congo aille au-delà des confusions. Au-delà des messianismes stériles, des peurs ethniques, des rancœurs collectives, des ruminations inutiles. Que le Congo soit d'abord sincère avec lui-même. Eviter les dialectiques qui ne dépassent pas les palmiers du pays. Les naines dialectiques du « gagnant » et du « perdant ». Comme celles, tout autant restrictives, de la souffrance de l'autre face à la non-souffrance de soi. Ces dialectiques n'offrent aucun cadre pour la citoyenneté républicaine. Pour la démocratie, à la congolaise.

Tout est encore possible : le dialogue politique, la paix véritable, l'organisation en vue du travail, l'ouverture des chantiers pour la Jeunesse congolaise, la capacité de se regarder les uns et les autres dans les yeux en signe de fraternité, de sentiment patriotique, de communauté de destin.

Le malheur subi doit renforcer cette communauté de destin, doit hâter un nouvel espoir, face à l'Afrique et au monde, à la Renaissance Africaine et à la Globalisation. Bref, face à l'humanité.

Il faut par conséquent que le Congo réussisse son rite de passage : de ce Congo-ci, de deuils et de pleurs, à cet autre Congo, de travail et d'amour, de patience et de fraternité; suivre le chemin de l'honneur qui conduit à la dignité africaine et jouir, à satiété, de la lumière du monde.

III. - RENAISSANCE AFRICAINE

D'un mot : Renaissance Africaine. En d'autres termes : Dignité Africaine à retrouver, à bâtir, à vivre, au cours du XXIè siècle, pour une vie humaine meilleure, en tirant profit de toutes les ressources culturelles, historiques, artistiques, minières, agricoles, piscicoles, forestières, aquatiques, etc., du continent africain. Un immense investissement est requis : les hommes, les femmes, les adultes, les jeunes, l'argent, les affaires, le management, la bonne gouvernance, l'égalité sociale, la considération du mérite personnel ou collectif; la mise à profit des sciences et des technologies du monde contemporain.

La Conférence sur la Renaissance Africaine, tenue en Afrique du Sud, a été éditée par Malegapuru William Makgoba, *African Renaissance. The New Struggle,* Cape Town, Mafube et Tafelberg, 1999. Il y est question du contexte historique, politique, intellectuel et international de la Renaissance Africaine. Le renouveau moral et les valeurs africaines sont également examinées. L'insistance sur la culture et l'éducation se justifie : le problème des universités africaines, la culture africaine en tant que socle ou fondement du développement. Les transformations politiques et économiques à opérer dans le cadre de la Renaissance Africaine en tant que défi historique. Science et technologie sont aussi traitées, pour la prospérité africaine. Médias et télécommunications en Afrique pour la Renaissance Africaine, autre thématique d'importance, car il faut bien que les informations circulent à travers toute l'Afrique, rapidement et efficacement. En effet, comment un continent qui ne dialogue pas avec lui-même peut-il communiquer valablement avec le reste du monde ?

Questions cruciales, liées les unes aux autres, qu'il faut que les Africains, tous ensemble, prennent sérieusement en mains, comme une affaire de destinée commune. Le professeur d'économie George B. N. Ayittey pose une condition, de toute première importance : Renaissance, pourvu que les « élites-vampires » ne continuent pas d'abuser du continent, par le vol des biens de l'État, par la corrruption, l'enrichissement illicite, facile et rapide, le contrôle des rouages étatiques pour le seul bénéfice de quelques-uns (George B.N. Ayittey, Africa in chaos, New York, St. Martin's Griffin, 1998, 1999).

En effet, Chaos ou Renaissance? Le chaos est presque déjà là : ces guerres civiles criminelles, ces crises économiques insurmontables, ces ressources dilapidées, ces systèmes scolaires et universitaires de seconde zone, ces haines tribales et régionales, ces destructions massives des biens appartenant au patrimoine national. Le chaos est déjà là : chômage endémique des jeunes, maladies pan-endémiques fort dévastatrices, dégoût d'être et de vivre dans des pays qui sont comme des paniers à crabes. Tout est superficiel : le discours politique qui a toujours tendance à faire des bilans économiques positifs, alors que le pays sombre, de jour en jour, dans une pauvreté indescriptible. Tout est mensonger, pour se donner, à tout prix, et en toute bonne conscience, une image de soi excellente, alors que les salaires n'existent pratiquement plus, alors que la famine s'impose comme une habitude.

Les crises et les situations chaotiques existent partout dans le monde. La globalisation se fait avec. La situation globale africaine qui est en effet chaotique, doit au contraire inciter les Africains au sérieux, à la méthode, à l'organisation d'eux-mêmes et de leurs économies, à la réflexion concertée, au travail collectif, au courage, à l'endurance, à l'espoir.

C'est ce qui fut souligné par le Président Thabo Mbeki à la Conférence sud-africaine sur la Renaissance Africaine : le criticisme et la dénonciation des autres ne doivent plus tellement préoccuper l'intelligentsia africaine dont la tâche doit consister en la mobilisation des énergies continentales pour la Renaissance Africaine.

Thabo Mbeki est clair : la direction à prendre et la marche à poursuivre doivent être déterminées par notre propre perspective souveraine, par ce qui est bon et nécessaire, pour nous, afin d'accomplir la nouvelle naissance de l'Afrique.

Il faut, estime Mbeki, « africaniser » les concepts occidentaux de « démocratie » et des « droits de l'Homme », et s'opposer à toute forme de dictature politique. Le peuple doit s'exprimer, parler, en toute liberté ; déterminer, également en toute liberté, son destin. Les masses populaires ne doivent pas être tenues à l'écart des affaires publiques, nationales, communautaires. Toute dictature est à combattre, quelle que soit la forme qu'elle puisse revêtir. Les élections doivent être libres, démocratiques, et que la volonté populaire soit strictement respectée. Les guerres civiles meurtrières et les conflits violents doivent être évités pour ne pas abaisser davantage un peuple au nom d'intérêts particuliers et partisans des partis politiques et de leurs leaders. Des mécanismes pour le règlement pacifique des conflits doivent être créés. Il n'y a pas de modèles parfaits de gestion démocratique des affaires publiques. Il faut innover, réfléchir, en se disant que le véritable souverain est le peuple dans son ensemble.

La « déification des armes », selon l'expression du Président Mandela, doit être combattue, partout en Afrique. On ne peut pas construire et détruire en même temps. On ne peut pas construire en détruisant. On ne peut pas construire ce que le feu et l'arme lourde détruisent aussitôt après. La reconstruction n'est pas la construction et la destruction dans une même dynamique de développement.

Abuser du pouvoir politique pour accumuler richesse matérielle revient à un crime contre l'État et la communauté nationale. Thabo Mbeki appelle cela : « le cancer de l'enrichissement personnel par des moyens corrompus » (« the cancer of self-enrichment by corrupt means »).

L'épouse d'un ancien chef d'État africain en exil dans un pays européen se vante de pouvoir disposer d'assez d'argent pour le reste de sa vie. Ce qui signifie qu'elle est immensément riche. Entre temps, des jeunes meurent dans les brousses comme des bestiaux affamés, sans la moindre attention de la belle dame argentée (qui n'a jamais travaillé de sa vie). C'est de la corruption, en sus du dédain, du mépris, de l'arrogance.

Voilà pourquoi Thabo Mbeki met fortement l'accent sur le fait que la vision de la Renaissance Africaine, opposée à toute dictature et à toute corruption, ne doit pas se départir de la misère du peuple, à juguler, à éliminer, pour une meilleure existence sociale et humaine. Il est hypocrite de parler de Renaissance Africaine sans envisager, prioritairement, un développement substantiel pour l'Afrique et ses mondes ruraux, ses masses ouvrières, ses artisans, ses pêcheurs, ses enseignants, ses cadres et ses agents sanitaires, ses étudiants, ses sportifs professionnels.

L'Afrique a vaincu le colonialisme et l'apartheid. Déjà plus de 30 ans d'Indépendance dans un monde qui bouge et change constamment. Il faut maintenant vaincre la tyrannie, la dictature, l'instabilité politique, la guerre civile, le conflit armé, la corruption politico-financière et le sous-développement socio-économique. La femme est toujours la première victime de ces désordres armés.

Ce qui veut dire qu'il faut travailler, maintenant, plus que jamais, pour la démocratie, la paix, la stabilité, la justice sociale, le développement substantiel, contre le racisme et le sexisme (maladies propres aux civilisations euro-américaines). Les nations du monde sont égales. C'est un principe du Droit international. La globalisation parfois semble l'ignorer.

Telle est la vision de la Renaissance Africaine du Président Thabo Mbeki : « Hier est une contrée désormais étrangère, demain nous appartient ! » (« Yesterday is a foreign country-tomorrow belongs to us ! »).

Les choses avancent. La Renaissance Africaine a créé un Institut à Gaborone, au Botswana, en 1999. Déjà des Sections nationales existent dans 16 pays africains. Un immense mouvement s'esquisse en effet, pour concrétiser l'idée de Renaissance Africaine et faire du XXIe siècle, le siècle de l'Afrique.

Mongane Wally Serote, député, écrivain, poète, président de la commission « Arts, Science, Technologie et Langue » (Parlement de l'Afrique du Sud), précise bien que la Renaissance Africaine est une affaire de conscience. Les Africains doivent acquérir la conscience de maîtriser et de contrôler leur collective destinée, c'est-à-dire la destinée de leur continent dans le monde contemporain. Ce qui implique conscience de responsabilité vis-à-vis des communautés nationales. L'ultime ambition est de créer une vie meilleure, une bonne qualité de vie, un environnement vivable sur le continent, et d'agir de cette même façon pour le monde. La Renaissance Africaine, de ce continent gigantesque et extraordinaire, sera aussi la Renaissance du monde. L'Afrique le peut.

Serote explique que la Renaissance Africaine est une Africanité inclusive, d'après ce cri de ralliement : Motho ke Motho ka Batho ba Bang, c'est-à-dire « une personne est une personne seulement à travers d'autres gens ». Nous sommes « inclus » les uns dans les autres. Bombarder une région du Congo pour lutter contre le matsouanisme et l'intégrisme, c'est se faire du tort à soi-même. Mais les Congolais ignorent encore le concept sud-africain d'« inclusivité ». Dialoguer pour dialoguer, dans l'hypocrisie, de façon superficielle, revient à un simple jeu de tactique politicienne. En revanche, l'inclusivité veut dire que les différences et les particularismes sont transcendés, ensemble, pour muter, toujours ensemble, inclusivement, et bâtir, sans chagrin et sans amertume : on renaît à une autre vie politique. Ce sont des consciences politiques qui doivent dialoguer, et non des bouches pleines de crachat de mépris, en dépit des apparences.

Inclusivité, démocratie (un long processus, il faut le savoir), non-discrimination à cause de la religion ou du sexe, développement social et économique, lucidité dans la marche du siècle : voilà les clefs du bonheur, à la portée des élites et des masses africaines.

L'inclusivité sud-africaine correspond à peu près à cette expression congolaise : Biso na Biso « Nous avec nous-mêmes », « entre nous ». C'est un cri de ralliement, pour souligner l'unité, la solidarité, la réciprocité, l'harmonie des cœurs et des intentions, la communion des sentiments, face à un même objectif. Ce qui suppose discipline librement acceptée, organisation claire dans la gestion des affaires, confiance et fraternité, secours mutuel.

L'Institut de la Renaissance Africaine du Botswana dont fait état M.W. Serote a déjà un Conseil des Aînés comprenant par exemple Nelson Mandela, Ketumile Masire du Botswana, Aristide Pereira du Cap-Vert et Oumar Konare du Mali. Les choses avancent. La Jeunesse est aussi mobilisée pour la Renaissance Africaine. Il est possible de faire de ce XXIe siècle, le siècle du Renouveau Africain.

Ainsi, l'itinéraire africain dans les Temps modernes et contemporains s'esquisse de mieux en mieux, avec grande clarté : les grandes conférences du Panafricanisme, notamment celle de Manchester, en 1945 ; la reconstruction de la conscience historique africaine par Cheikh Anta Diop, dans les années 1948-1954 ; la nécessité et l'urgence de l'Unité Africaine, défendue par Nasser, Modibo Keita, Sekou Touré, Patrice Lumumba, B. Boganda, Nnamdi Azikwe, J. Nyerere, J. Kenyatta, Tom Mboya, et surtout par l'illustre Kwame Nkrumah. Les présidents Murtala du Nigeria et Th. Sankara du Burkina Faso ont réallumé, avec éclat, le flambeau de l'Unité et de la Renaissance Africaine. Muammar al-Qadhdhafi (Kadhafi) et Thabo Mbeki réallument, à nouveau, le feu sacré de la construction solidaire, unitaire, de l'Afrique.

Il conviendrait que les Congolais, aptes à la querelle politique, à la violence dans le feu et le sang, à la destruction d'eux-mêmes et de leur beau pays, conscientisent, une fois pour toutes, que le Congo ne fera rien dans la mort perpétuelle :

a) ni au niveau de la Renaissance Africaine : le sang dans les mains, on n'en veut pas, même si c'est le sang des innocents ;

b) ni au plan mondial de la globalisation : le sang dans les mains, on n'en veut strictement pas, surtout si c'est le sang des pauvres et des sous-développés.

Il faut par conséquent sortir des schémas mesquins, sans lendemain, car fort chimériques, qui proposent la guerre contre le Pool à cause de sa longue tradition messianique qui n'a jamais fait du mal à personne. C'est l'erreur de Joseph Mampouya, habituellement si perspicace et attentif. Makouta Mboukou divague, étrangement, lorsqu'il plaide, avec ceux qui le suivent sans esprit critique, pour la séparation du Pool d'avec le Congo. Il faut savoir que l'Armée nationale et républicaine s'opposera, net, à toute velléité séparatiste, à moins d'un référendum (non prévu dans la Constitution congolaise). Le cas de figure du professeur Makouta Mboukou est encore une invite à la guerre civile. Le Pool n'appartient pas juridiquement aux Kongo, Lari, Sundi, Hangala, Manyanga et autres Ndibu. La Cuvette non plus, n'appartient pas aux Mbochi, Teke, Makoua, Mbeti, Kouyou et autres Ndongo-Nyama. Le territoire de la République du Congo est un et indivisible. Le professeur de lettres devrait demander conseil auprès des juristes, avant de pousser encore le Congo à la guerre civile, à la violence sanglante, à la barbarie.

Voilà les résultats des sociologies africanistes, dites « dynamiques », telles qu'enseignées et diffusées par le professeur Georges Balandier, de la Sorbonne et de l'École Pratique des Hautes Études : au Congo, le destin politique de ce pays ne peut qu'être assumé par les Kongo, parce que plus nombreux (ce qui est archifaux, le Pool n'est pas la région la plus peuplée du Congo), parce que plus entreprenants (ce qui est borné à affirmer : toutes les tribus congolaises sont actives, entreprenantes, les Teke en tête), parce que plus acquis aux valeurs de la modernité (c'est simplement léger de le croire : le premier professeur agrégé de médecine congolais est un Mbochi, Bernard Galiba).

Pendant des années, Balandier a diffusé des illusions et des mensonges à propos de la réalité sociologique congolaise. Dénoncer le mal fait (le mal est le mal) ne me prive pas de respect et de considération pour le professeur G. Balandier. Nous nous trompons tous. Je ne dirais rien sur *L'Afrique ambigüe* : le titre même est contre la Renaissance Africaine, expression utilisée par Cheikh Anta Diop, depuis 1948.

Il faut voir loin, et haut, pour éviter ces enfantillages sociologiques, ces comptabilités mesquines de cadres, ces illusions professorales, ces humeurs tribales, ces divisions ethniques et régionales. Tous les Congolais, toutes les Congolaises, du Kouilou, du Niari, de la Lékoumou, de la Bouenza, du Pool, des Plateaux, de la Cuvette, de la Cuvette Ouest, de la Likouala, de la Sangha : Vili, Kougni, Bayaka, Lale ou Lari, Nzabi ou Nzebi, Punu (Bapounou, Mierie), Beembe (Babembe), Dondo, Bakamba, Sundi, Hangala, Nyanga (Manyanga), Lari, Kongo, Teke, Boma, Andziku, Ngangwel (Bangangoulou), Moyi, Likouala, Likouba, Mbochi (Olombo, Abala, Oyo, Boundji, Tsongo ou Ngolo, Olee, Tsambitso, Mabirou, Bokouele, Bonyala, etc.), Koyo (Kouyou), Makoua (Penda), Mbeti (Mbere), Mboko (Mboo, qui sont une variété mbochi), Mbondzo, Mouzombo (Mundzombo), Pygmées (Bonga, Mbenga), Sangha-Sangha, Ndzem, Bekwel (Bekwil, qui sont les Fang du Congo) sont tous des citoyens égaux de la République du Congo, ayant les mêmes droits et les mêmes devoirs, absolument identiques. Il n'y a pas de tribus élues pour diriger le Congo. Les prophètes sociologues et politiques qui pensent qu'il en existe se trompent, tout simplement. Les différences tribales, ethniques, régionales, constituent l'immense richesse humaine du Congo. La force de la nation congolaise est faite de l'unité de ces variétés et variantes du domaine anthropologique et culturel bantu (bantou), qui s'étend jusqu'au Kenya, en Tanzanie, jusqu'en Afrique du Sud. Et de l'Afrique du Sud, jusqu'en République Centrafricaine, en passant par l'Angola, la Guinée Équatoriale, le Cameroun.

Aux frontières coloniales, il faut se garder d'ajouter, par ignorance anthropologique et linguistique, des barrières psychologiques et des barrières de haines politiques ; tout autant fausses, des barrières ethniques. La communication culturelle est décisive pour l'unité nationale. C'est aussi un fort sentiment d'unité culturelle africaine qui est le soubassement même de l'Unité Africaine et du Renouveau Africain. Il faut décider dans le sens des positivités et non des négativités. Il faut décider dans le sens de l'union et non de la désunion. La force, c'est l'union qui la fait, la construit, l'engendre et la maintient dans les urgences de la vie vécue.

C'est ainsi que nous devons développer notre vision de la Renaissance Africaine, pour bâtir solidairement une Nation Africaine moderne moins pauvre et moins fragile.

Cette Afrique contemporaine qui renaît à elle-même, dans l'unité et la solidarité, a toujours été une Afrique de l'intégration régionale et de l'ouverture au monde.

Faut-il rappeler que c'est sur ce continent que sont apparus les premiers hommes qui se sont ensuite engagés dans la conquête ou le peuplement des autres contrées de la planète.

L'Afrique a survécu à des cataclysmes jamais arrivés à un peuple dans l'histoire globale de l'humanité. Ces cataclysmes ont ruiné la vie psychologique et économique en Afrique.

Il ne s'agit ni d'accuser ni de geindre. Faire les bilans historiques, tous les peuples de la terre le font. Cela devient criminel quand il s'agit des Africains. C'est l'orientalisme » et l' « africanisme » qui ont produit des paradigmes historiographiques contre l'Afrique.

L'essentiel aujourd'hui et demain est que l'Afrique lise par elle-même et pour elle-même sa longue histoire continentale. Une telle lecture est Renaissance Africaine, car on naît toujours dans un contexte historique. On naît à sa propre mémoire culturelle et historique. Demain est un autre monde, à condition d'avoir été et d'avoir pris conscience de ce passé. Nous sommes notre passé. Il faut dialoguer avec lui. Nous sommes notre présent. Il faut l'imaginer comme un avenir grandiose, et le construire, beau, magnifique, glorieux.

La Renaissance Africaine aura nécessairement des ennemis. Les mêmes, toujours, avec les mêmes arguments de découragement qu'ils se gardent bien d'appliquer à eux-mêmes. Mais à vaincre sans péril, on triomphe sans gloire. La Renaissance Africaine, l'Unité Africaine, il faut que le Congo s'ouvre aussi à ces interrogations et démarches contemporaines, pour son plus grand bien.

Les USA se positionnent en vue de la Renaissance, pendant que l'Europe ne semble pas suivre, habituée qu'elle est aux paradigmes coloniaux.

Les USA ont en effet, avant et après le voyage pour la première fois de leur Président en Afrique noire, développé assez rapidement une stratégie de partenariat pour la coopération et le développement sur ce continent. Cinq sommets régionaux ont déjà eu lieu avant le Sommet National sur l'Afrique.

Le but de ces sommets est d'établir un agenda pour guider de façon concertée les relations américaines avec les pays d'Afrique, d'éduquer le public américain au sujet de l'Afrique, d'élargir et de renforcer le réseau des partisans et sympathisants de la cause africaine aux USA.

Ce faisant, les USA mettent l'accent sur les crises en Afrique (leurs origines, leurs contextes historiques, leurs effets positifs et négatifs, leurs conséquences, etc.), les expériences politiques, économiques et sociales des 54 pays africains, l'indépendance de l'Érythrée, la fin des guerres civiles en Angola, la transition de l'Afrique du Sud vers la règle de la majorité, les réformes économiques et les processus de démocratisation dans plus d'une dizaine de pays.

Cette Renaissance Africaine est jugée importante et offre inévitablement des opportunités de coopération et de relations mutuellement avantageuses entre les USA et les pays africains.

Des domaines et secteurs précis de coopération sont choisis, étant bien entendu liés entre eux : développement économique, commerce et investissement, création d'emplois, démocratie et droits de l'Homme ; développement durable, viable, qualité de la vie, environnement ; paix et sécurité ; éducation et culture ; importance des femmes et des jeunes dans tous ces changements socio-économiques, socio-politiques, culturels et éducationnels.

Les USA et leurs hommes d'affaires, leurs investisseurs, leurs fondations, leurs corporations, leurs sociétés et leurs institutions peuvent intervenir massivement dans certaines régions de l'Afrique.

Il est donc temps, pour les Africains, de réfléchir sur ces « Sommets américains » en faveur de l'Afrique, de connaître la démarche américaine, de renforcer la solidarité régionale et continentale africaine, de préparer les dossiers jugés prioritaires selon les besoins des pays (et non pas nécessairement selon les desiderata des hommes d'affaires américains), d'éviter les profonds déséquilibres d'un développement conçu ailleurs, de tout faire pour maîtriser les problèmes, immenses et nombreux, liés à la Renaissance Africaine.

Les moments sont propices, exaltants, susceptibles de faire de l'Afrique une puissance à la fin du XXIe siècle, si jamais les bonnes décisions sont prises collectivement dès aujourd'hui. La volonté africaine est irremplaçable. Il ne s'agit pas de développer pour développer (ce qui amène souvent le sous-développement, les dettes, les colonialismes et les néo-colonialismes, etc.), mais de bâtir la Renaissance Africaine, la puissance de l'Afrique, l'indépendance véritable du continent africain (devenu maître de ses initiatives), dans le cadre des défis de la globalisation.

L'intelligentsia africaine doit être éveillée. Il ne s'agit pas de livrer les pays africains à des puissances étrangères pour une nouvelle colonisation, un nouvel esclavage, une nouvelle domination, mais de travailler avec des puissances étrangères dans le respect absolu de la dignité africaine, et la dignité est ce qui fait la grandeur de l'humanité.

IV. - LE CONGO, SA VRAIE PHYSIONOMIE

La pêche sur le fleuve est périlleuse. Les eaux rompent souvent les nasses. Les poissons eux-mêmes, vieux, gros, font éclater les pièges. Les crocodiles, les hippopotames, eux aussi pêchent, en même temps que les hommes et les femmes des rives fluviales.

Le poisson pris, il faut le sécher, le fumer : techniques artisanales d'une perfection stupéfiante. Et le transport, par pirogue monoxyle, sous la pluie, sous la tempête, sous le soleil ardent, jusqu'à Brazzaville. Ce sont au total plus de 600 kilomètres sur l'eau : à la descente, d'Impfondo, de Liranga et de Mossaka à la capitale où l'eau conduit la pirogue avec furie ; à la montée dans le sens contraire, on lutte contre les eaux brunâtres du fleuve, venu de la Région des Grands Lacs Africains.

Ainsi, ce Congo, fleuve équatorial, immense, violent, furieux, est à la fois paisible par endroits. Il arrose ces pays de l'Afrique centrale : le Congo démocratique, la République centrafricaine, le Congo-Brazzaville. Symbole à lui seul, ce fleuve-de-vie, de l'unité des gens d'eau, bana mayi.

Jadis, les Frères Tréchot, avec leurs palmeraies, leurs huileries, leurs barges, avaient su créer une néo-culture de plantations : les Palmeraies de Tsépia, Odouka, Mokana, Okoyo, sur l'Alima, celle d'Étoumbi, sur la Likouala ; celle d'Élinguinawé et de Mondzeli sur le Kouyou ; celle de Mbaya sur la Nkeni. L'Union Européenne avait subventionné la rénovation des palmeraies d'Owando (Élinguinawé) et d'Étoumbi. Factoreries, savonneries, huileries, petit élevage bovin et porcin : il y avait la vie sur ces eaux fluviales. Mossaka était la capitale du monde des Frères Tréchot.

Le fleuve avait ses symboles : cavernes sacrées, tourbillons violents que l'on disait hantés par les esprits des eaux (il fallait jeter une pièce d'argent pour les apaiser et passer en toute sûreté), sirènes magiques, belles et envoûtantes. Ces oiseaux aquatiques, eux aussi pêcheurs, au milieu des fourrés de roseaux.

Il y a de tout dans le fleuve : nourriture, eaux lustrales, argiles pour la santé, pour les poteries, légumes avec de jolies fleurs, ciel immense qui semble être un autre fleuve, céleste. Les villages se communiquent, tout le long du fleuve. Des concours de danse ont lieu entre riverains. Ces longues jeunes filles du fleuve, souples, sveltes, sensuelles, séduisantes, élégantes, splendides, brillantes de jour et de nuit, savent nager dans les vagues du fleuve, telles de prestigieuses déesses des eaux.

Les Congolais et les Congolaises d'aujourd'hui savent-ils apprécier la beauté de leur fleuve, sa générosité, son pouvoir sur les êtres humains et sur les éléments de la nature ? Durant les guerres civiles, le fleuve divin a été souillé par les corps pourris des Congolais tués par d'autres Congolais.

Il faut demander pardon au fleuve du pays. Il faut des cérémonies de purification. Il faut se réconcilier avec l'âme du fleuve Congo. C'est un fleuve tutélaire qui nous garde, nous protège, nous nourrit, épanouit nos sentiments, nous lie à l'histoire de l'Afrique et du monde. Likouala-aux-Herbes, Mambili, Koyo (Kouyou), Alima, Nkeni, Lefini, Djiri, Tsiémé, Madoukoutsiekele, Djoué, Loufoulakari, etc. : ces rivières du pays se jettent dans le Congo. Elles sont toutes unies à ce fleuve. Les Régions de la Likouala, de la Cuvette, des Plateaux et du Pool sont ainsi enracinées dans les eaux divines du fleuve Congo.

Un fleuve commun, qui devrait nous donner des sentiments de grandeur, d'ouverture, de dialogue, des sentiments d'amour et de respect, des sentiments profonds d'unité et de fraternité humaines.

L'autre symbole, puissant, pour l'ensemble du pays, c'est le Chemin de Fer Congo-Océan.

Cette fois-ci, pas le Congo seul, jailli des Mille Collines interlacustres, mais le Congo-Océan : le fleuve quitte les eaux nationales de la rive droite pour se brancher sur les rails, de Brazzaville à Pointe-Noire, sur une distance aussi longue que Paris-Bordeaux.

Le Gouverneur Antonetti aurait pu appeler sa création « Brazzaville-Pointe Noire ». Il a senti la poésie, la beauté, la puissance des êtres aquatiques : l'eau douce du fleuve et l'eau salée de l'Océan, le fleuve devenu Congo-Océan, le fleuve qui s'océanise, parcourant des vallées, des rivières, d'autres fleuves (splendide Niari), sautant des trous gigantesques, déchirant la formidable forêt du Mayombe, jusqu'à la porte océane du pays.

Toutes ces magnifiques et vastes plaines traversées par le Chemin de Fer. C'est le domaine de la banane et de la patate, du manioc et des légumes. La canne à sucre y pousse à merveille. Calcaires, plomb, cuivre, fer peuplent le ventre de ces hautes collines, de Brazzaville à Pointe-Noire. Ce qui est inconnu est encore plus riche, plus surprenant. Des terres rares. Dans la mer, le pétrole, manne du Congo : objet de convoitises internationales.

Belles carpes du Bas-Kouilou, crevettes du Niari, gibier, fruits et légumes : c'est le paradis. Abondance d'une nature extrêmement généreuse, fertile. Splendeur encore dans les corps féminins : cette même générosité enivrante. L'élégance des corps féminins est indépassable.

Si le Congo est privé de son fleuve et de son Chemin de Fer, on voit bien que toute la vie réelle est absente de la nation entière, malgré parfois, les tactiques connues, de la simple propagande. Le fleuve et le Chemin de Fer font le bonheur du Congo. Ce pays a du bol. C'est un pays protégé par les dieux et les déesses de l'Afrique.

Le Chemin de Fer Congo-Océan est un véritable drain pour le pays : les produits des plaines de Kibossi, Kibouendé, jusqu'à Mindouli ; les richesses de la Bouenza : sucre, ciment, banane, etc. ; celles du Niari, de la Lékoumou, du Mayombe, du Kouilou : bois, potasse, pétrole et gaz, poisson de mer. L'eucaliptus a littéralement envahi toutes les contrées des environs de Pointe-Noire. Villes, villages et communautés rurales vivent de ce Chemin de Fer, quotidiennement. Les populations vont et viennent, de Pointe-Noire à Brazzaville, pour leurs affaires, leur commerce, leurs cérémonies de joie et de peine.

C'est par lui, ce Chemin de Fer, que le bois du Haut-Congo parvient au Bas-Congo et de là, au port en eau profonde de Pointe-Noire. L'Océan Atlantique fait le reste.

Ce qui veut dire que tout le nécessaire qui est lourd, pétrole, gaz, véhicules, ciments, poissons emballés, etc., arrive de Pointe-Noire à Brazzaville et de là, jusqu'à Ouesso, grâce au Chemin de Fer Congo-Océan. Les usines de boissons et de papeterie de Brazzaville vivent aussi du transport ferroviaire.

Le Congo ne peut pas vivre économiquement et socialement sans le fleuve Congo et sans le Chemin de Fer Congo-Océan. Il restait à faire le goudronnage de la Route Nationale 2, de Brazzaville à Ouesso, que le Président Sassou Nguesso a fait bitumer d'Étsouali à Obouya.

Cette Nationale 2 va connecter les terres et les villages des Plateaux, de la Cuvette et de la Sangha, au reste du pays, comme le font déjà le fleuve Congo et le Chemin de Fer Congo-Océan.

L'isolement du pays vis-à-vis de lui-même sera définitivement rompu. C'est la construction de l'unité nationale, de la solidarité congolaise. Le pays, enfin totalement ouvert à lui-même. Les gens voyagent et apprennent à connaître leur pays, au lieu de cultiver constamment l'esprit de clocher. L'espace conquis sur le territoire national élargit nos consciences ethniques, tribales, villageoises : la nation apparaît avec toutes ses composantes, du Sud au Nord, de l'Est à l'Ouest. La peur de l'autre ethnie, de l'autre tribu, de l'autre région, disparaîtra petit à petit.

Les Congolais ne circulent pas beaucoup dans leur propre pays, pourtant si beau, ces gorges multicolores, ces cours d'eau poissonneux, ces plaines giboyeuses, ces forêts primaires encore intactes et mystérieuses, ces falaises, ces collines et montagnes toutes enchanteresses. Les Congolais doivent développer, les premiers, la connaissance réelle, géographique, humaine, sociale, culturelle, historique, artistique, de leur pays. C'est un impératif à prendre au sérieux.

Il faut que s'impose à tous les habitants du Congo, la physionomie réelle de leur propre pays, dans leurs cœurs, leurs esprits, leurs consciences : le gain serait immense. Les tribus, ethnies, villages, régions doivent s'ouvrir les uns aux autres. L'enfermement cultive l'ignorance. Laquelle ignorance engendre l'indifférence. Et cette dernière est à la source du mépris. Il est difficile que le mépris puisse inspirer un vrai dialogue national, ou qu'il fasse naître un réel sentiment d'appartenir à une même communauté nationale, chez des populations isolées dans le monde de leur tribu.

La base de l'unité nationale, c'est le Congo réel, profond, vivant, et non le superficiel discours politique prononcé depuis la capitale (legs colonial elle-même). Tout le Congo, dans toute son étendue, appartient à tous les Congolais et à toutes les Congolaises. Un homme d'Épéna qui décide d'aller s'installer à Lékana, pour y vivre et y mourir, n'est pas à l'étranger : il est chez lui, partout, dans tout le Congo, comme dans son village natal.

Déjà de nature fragile, les guerres civiles récentes ont encore amoindri le sentiment d'être congolais chez les Congolais, alors devenus et redevenus uniquement « Mbochi », « Kongo », « Lari », « Bembe », « Kougni », « Teke », « Mbondzo », « Mounzombo », « Vili », « Sundi », « Koyo », « Makoua », « Nzem », « Punu », « Lale », « Nzabi », « Moyi », « Ngangoulou », etc.

Soyons clairs. Le sentiment d'appartenir à la famille congolaise et d'en être fier, ne signifie pas qu'il ne faille plus se sentir de telle ou telle tribu, de telle ou telle région. Tout au contraire. De même, le fait de se sentir l'âme panafricaine ne soustrait pas de la nation particulière, élément constitutif de l'Unité Africaine, de la Renaissance Africaine. La solidarité africaine elle-même renforce notre sentiment de la Communauté internationale et de la famille humaine. Ces étapes dialectiques ne se renient pas du tout. Elles se renforcent les unes les autres.

Ces axes fluviaux, ferroviaires, terrestres et aériens, en faisant éclater les barrières psychologiques des ethnies et des villages, contribuent puissammment à la connnaissance de soi en tant qu'ensemble humain uni dans une communauté de destin. Le Congo est ce qu'il est : ses ethnies, ses villages, ses masses rurales, ses univers paysans, ses richesses naturelles, ses mines, son pétrole. C'est avec cette réalité polymorphe ou multiforme que l'on bâtit du nouveau. Et il vaut mieux bâtir que passer le plus clair du temps à injurier, condamner, critiquer, salir, provoquer, à s'échiner à détecter la paille dans l'œil du voisin.

Le sol natal, c'est tout le Congo. Le développement, c'est évidemment pour tout le Congo. Voilà pourquoi la physionomie du Congo doit s'imposer à la politique en premier lieu, comme la physionomie d'un ami à un ami. Les Congolais se tromperaient lourdement en voyant dans le Congo leur ennemi. Ce sont nos façons de faire, égoïstes et anti-peuple, qui faussent les données, et non le pays du Congo dans son intégrité territoriale et humaine, dans sa physionomie véritable.

C'est dans le Congo vivant qu'il faut se situer; il est la source de la conscience nationale.

V. - LA CONSCIENCE NATIONALE CONGOLAISE

De multiples ethnies, parlant une variété de dialectes bantu, pratiquant diverses traditions ancestrales, le Congo ne se retrouve que pour parler de « politique », chaque force politique ayant son étiquette régionale bien marquée.

Ces beaux gaillards désignent le Congo, l'unité nationale, la paix sociale, etc., presque sans conscience nationale. La Conférence nationale souveraine, la démocratie, la constitution, les institutions républicaines (Assemblée, Gouvernement, Conseils, etc.), tout se déroule en dehors de l'essentiel : la conscience nationale.

Dès lors, à la moindre crise, les intérêts particuliers des partis, des associations et des organisations, deviennent des torrents furieux qui emportent tout : les symboles de la Nation, de la Patrie et de la République sont détruits sauvagement, avec une rage rare, à l'arme lourde. Les intérêts particuliers sont hissés au-dessus de la Nation. Les Congolais ont encore une conscience nationale collective très ténue, malgré les apparences et les belles paroles sur l'unité nationale.

Si les querelles et les débats sont, au début, purement d'ordre politique (la conquête du pouvoir d'État), elles deviennent vite des querelles régionales et ethniques : Talangai, Mpila, Ouenzé, Poto-Poto, Brazzaville dit « Nord », c'est pour les Bangala, les Nordistes, et Brazzaville dit « Sud » pour les Kongo-Lari, les Sudistes. C'est-à-dire que Brazzaville disparaît, dans les consciences, en tant que capitale de tout le Congo.

Les Nordistes fuient vers le Nord du pays, au-delà de la Djiri, de Kintélé. Les Sudistes traversent le Djoué et regagnent leurs hameaux. C'est la déchirure de la conscience nationale, ce spectacle insoutenable des Brazzavillois ainsi dispersés par des crises politiques muées en conflits armés.

Il se dégage cette impression globale difficile à masquer : les Sudistes sont une nation dans le Congo, les Nordistes sont également une autre nation habitant le Congo. Ceux qui ont gagné et ceux qui ont perdu sont deux nations différentes. Il faudra respecter ce clivage politique dans la répartition des postes, des fonctions, des charges, à l'Armée comme dans l'Administration publique. La conscience nationale est absente, ici et là. Qu'ils dirigent donc, les Bangala, sans nous ! Ils ne le pourront pas par manque cruel de cadres compétents !

Si l'hypocrisie s'y mêle, avec la démagogie (« tout va à merveille dans le pays »), il est presque impossible de surmonter la conscience ethnique et de briser le sentiment ethnique qu'il engendre en place et lieu de la conscience nationale. La conscience ethnique arrive comme mars en carême et supplante la conscience nationale, facilement.

Comment construire un pays comme aux temps coloniaux, sans le moindre souci du sentiment national collectif ?

La démocratie devient un projet politique des tribus-États sans nation, sans patrie : les partis politiques ne cherchant que le pouvoir. Une fois conquis, le pouvoir se tribalise à fond. On martèle alors publiquement : « C'est notre tour ! », « Notre pouvoir nous est revenu ! », etc. C'est-à-dire le pouvoir d'État et son Trésor public vont être utilisés par un clan ethnique. C'est pire que la corruption politico-financière. On a pris le masque de la nation pour mieux se couvrir et puiser ouvertement dans les caisses de l'État.

Il y a plus. Sans conscience nationale, il est presqu'impossible de s'attendre à la tolérance des différences d'opinions, à la liberté d'expression, à l'accès libre aux médias de l'État, à la non-censure policière. Paradoxalement, on condamnera les opinions des autres au nom de l'unité nationale et de la paix sociale.

Dans un pays sans conscience nationale, presque sans cadres trempés dans les valeurs républicaines de droiture, de justice et de dévouement, le pouvoir politique a peur de tout, et cette peur conduit à tout contrôler par les siens : l'armée, la fonction publique, la justice, les médias, la sécurité, les finances, les affaires extérieures. La dictature politique, c'est cela.

Le Président de la République lui-même est perçu comme étant le serviteur d'une clientèle politique et régionale, sans conscience nationale collective. On assimile facilement le Magistrat suprême du pays à sa région et à son ethnie. Il a beau faire, quand ça va mal, c'est toute sa tribu qui doit trinquer. Tous les « responsables » bien positionnés ont été aux affaires, mais seuls le Président de la République et sa tribu sont blâmés, publiquement. Cet amalgame est dû au fait de la minceur de la conscience nationale, voire de son absence.

Quand la classe politique congolaise se met à la tétine des injures, elle y va sans faire le planton, et le premier personnage politique, moral, du pays – le Président de la République – n'est nullement épargné. Il devient une exceptionnelle tête à claques, à la gaieté des hommes et des femmes réunis en séance plénière. Ce qui domine au cours de telles séances politiques publiques, c'est la conscience ethnique, partisane à souhait. La conscience nationale est depuis rayée des débats politiques de fond, ainsi qu'on le constate.

La conscience nationale n'est pas rien dans la vie du pays. C'est un problème initial qu'on ne peut pas mettre dans un pli séparé lorsque la vie publique nationale est concernée. Je n'aimerais pas être exagérément long sur ce problème. Je dis simplement que c'est une thématique à mettre au début de notre vie publique, de nos politiques nationales.

Dire que les ethnies existent, qu'elles ont des comportements publics différents, qu'elles peuvent constituer des fiefs électoraux, ne signifie nullement que la conscience ethnique devrait guider la marche de la vie nationale. Il n'y a pas de « tribus-classes », de « tribus-États », de « tribus-nations » ou de « tribus-républiques » sur le territoire national congolais.

A-t-on éduqué suffisamment pour consolider la conscience nationale ? Quel travail à l'école maternelle, à l'école primaire, au lycée, à l'université ? Quel effort sur les chantiers, dans le sens de la consolidation de la conscience nationale ? Quelles actions pour amener les anciens et traditionnels repères à contribuer à la construction de la conscience nationale ?

Au lieu d'avoir tout un répertoire d'insultes politiques, favorables à l'explosion sociale et à l'assassinat politique, les hommes et les femmes politiques congolais ne devraient-ils pas se saigner aux quatre veines pour laisser aux générations montantes et futures un héritage de solidarité et de conscience nationale ?

La conscience locale, ethnique, régionale, doit s'élargir à tout l'espace géographique national pour se nourrir des sucs vivifiants de toutes les régions et devenir, précisément, dans une mue nécessaire, la conscience nationale. Les hommes et les femmes politiques ne peuvent pas prétendre diriger le Congo tout en se cramponnant à leurs racines locales, de façon absolue et exclusive. L'intégrisme vient de là.

Précisons. Les régions, les ethnies, les villages, les milieux ruraux spécifiques doivent, bien entendu, garder et développer leurs excellents souvenirs, leurs symboles identitaires, leurs dialectes, leurs savoir-faire traditionnels, leurs images mentales positives, leurs dynamismes culturels. Tout le pays y gagne. Le mal vient du fait de vouloir ériger ces objets locaux en puissances suprêmes. L'idée d'ouverture, de communication, ou même de communion, est absente, totalement. Du repli de soi sur soi naissent l'intolérance, le fanatisme, l'incapacité à dialoguer avec tout le Congo dans sa diversité géographique et humaine. L'intégrisme, c'est comme si on allumait une bougie pour s'éclairer en plein soleil de midi.

Que peut-on faire avec le solipsisme ethnique ? Sinon, se boudiner soi-même dans la boue. Se croire elligible par grâce divine, dans une démocratie laïque, c'est se livrer à un vain jeu d'émasculation qui peut coûter cher à toute une population, locale et nationale. Et si toutes les ethnies du Congo se livraient à ce même exercice d'intégrisme régional ? L'intégrisme ne rapproche pas les habitants du Congo les uns des autres. Tout au contraire, il détruit leur conscience nationale. La citoyenneté ne va pas ensemble avec le discours qui ne valide que l'intégrisme ethnique, la scission nationale, la médiocrité politique, le bornage intellectuel. L'intégrisme politique est essentiellement néfaste. Il essore, en le tordant bien, tout sentiment qui tente de se hisser au-dessus des particularismes ethniques et régionaux. La citoyenneté, la vraie, gouverne tout autant les niveaux de la conscience ethnique que ceux de la conscience nationale. Le Congo n'est pas une grande braderie où l'on vend et où l'on achète presque sans mercuriale.

Maux qui rongent notre conscience nationale : l'intégrisme, le manque d'ouverture à l'ensemble du territoire national, l'étrécissement qui ramène tout à « son » ethnie, à « sa » région, à « ses » valeurs et à « ses » cadres, comme si tout cela n'existait pas en dehors de son propre environnement ethno-régional. D'autres maux, non moins pernicieux : le manque total d'esprit critique qui est esprit de discernement, de lucidité, de pondération et d'objectivité ; enfin, l'abus du narcissisme régional et ethnique.

Des mythes ont été exhumés au Congo, dans le sens de la séparation : les Enfants de Ngounou (« Bana ba Ngunu »), Kongo, Sundi, Lari, Beembe et autres Pounou, désormais « Kongo du Pool » et « Kongo du Niari », en écartant les Teke et les Vili, qui ne sont pas moins Enfants de Ngounou. Le mythe a tourné court, dans le massacre fraternel, en deux guerres civiles épouvantables. On peut vivre son histoire locale en toute quiétude, sans vouloir en faire une vision du monde militante, politiquement exclusive. Les Enfants de Ndinga (« Bana a Ndinga ») existent, Mbochi, Kouyou, Makoua (Penda) et autres Mboko, mais il ne viendra à l'idée de personne d'en faire une réalité historique combattante, contre les autres régions, par fanatisme intégriste.

Il n'y a pas de dilemme inutile à cultiver. Il n'y a que demi-mal, demi-mesure, demi-succès. En effet, tous ces Enfants de Ngounou, de Ndinga, de Zakoumba, tous ces Enfants d'Eau, des Terres fermes, des Vallées, des Plateaux, des Forêts vierges, des Plaines et savanes, sont tous, au même titre, des Enfants du Congo. Personne n'est orphelin. Il ne faut pas être dans un demi-sommeil lorsqu'on développe des idées, des théories et des paradigmes historiques : ne pas somnoler afin d'aider le peuple à avancer et non à reculer, enfermé dans son enclos d'or tribal et régional.

Un État sans nation n'est pas viable de nos jours, c'est-à-dire dans le cadre des libertés démocratiques et de la nécessaire solidarité, pour débattre, critiquer, avancer, laisser un héritage grandiose aux générations qui se pressent à venir au monde, sur le sol de la patrie.

Une paix sociale en dehors de la conscience nationale ne veut rien dire : la paix doit être vécue dans l'ensemble du pays, par toutes les ethnies, toutes les localités et collectivités nationales.

Une République sans État, sans nation, sans communauté humaine consciente de sa solidarité de destin, n'est qu'un coffre vide, juste bourré de textes juridiques empilés les uns sur les autres :

l'âme nationale manque, la lettre sans l'esprit, la forme sans le fond, l'arbre sans racines.

Les institutions républicaines, les organes de l'État, les charges et les fonctions publiques, l'administration des collectivités territoriales, les établissements publics, les symboles communs, etc. tous tirent leur substance de la conscience nationale, y compris la citoyenneté.

Au Congo, on pense que les textes, les institutions et les organes politico-administratifs suffisent, par eux-mêmes, à faire l'État, la République, la nation : le socle sur lequel s'appuient ces textes et ces institutions est la conscience nationale. Celle-ci n'est pas la volonté de bons mots, mais l'engagement de vivre ensemble, les faits et gestes collectifs orientés vers l'essentiel, l'intérêt commun. Ne pas vouloir sortir de l'orbite de sa tribu, c'est se contenter de la farine premier âge.

Les hommes et les femmes politiques du Congo doivent travailler, sans relâche, sur ce thème décisif de la conscience nationale, sans jouer au plus fin avec eux-mêmes. Les intégrismes, les exclusions, les séparatismes, les fanatismes collectifs introduisent des coupures inutiles, parfois atroces, sanglantes, dans la vie nationale communautaire. Le Congo ne mérite pas d'être un pays où il fait noir comme dans un four.

Les intégristes qui prônent la scission de telle ou telle région, au sein de la République congolaise, font du hors-piste, sans trop d'illusions d'ailleurs de leur part. Comme les chats ont horreur de l'eau, les citoyens clairvoyants, grandis dans l'épreuve, se détourneront des clubs et des collectifs qui défendent la haine, au Congo.

Il est certain que les séparatistes ne peuvent pas avoir beaucoup d'influence sur les gens. L'inflation verbale, haineuse, ne sera pas préférée, longtemps, au discours rassembleur qui confirme les promesses congolaises d'un État de droit, de liberté, de justice et d'intégrité.

Les écrits orduriers qui répandent la haine, l'injure, la violence, doivent être condamnés, sans compromis. Le discours monocorde de l'intégrisme doit être dépassé. Il y a un monde entre l'intégrisme et la conscience nationale.

La conscience nationale permettra :

1) de placer les biens de l'État au-dessus de tous les partis politiques et de développer un sens plus aigu des intérêts de la communauté nationale ;

2) de considérer comme des citoyens égaux les hommes et les femmes de toutes les ethnies et de toutes les régions du Congo ;

3) de travailler à l'échelle de toute la nation pour préparer demain, pour augmenter, accroître, et non détruire, l'héritage national ;

4) de débattre des questions et des problèmes d'intérêt commun, en toute liberté et en toute confiance : les divergences d'opinions sont même à souhaiter, pour éviter la culture monopartiste ;

5) de respecter les verdicts du peuple congolais, expression de la conscience nationale, dans le cadre des règles politiques de la démocratie ;

6) de créer petit à petit une classe politique nationale à la hauteur des enjeux modernes, africains et mondiaux ;

7) de léguer un pays d'hospitalité, de travail, de paix, de créativité et de joie de vivre aux futures générations.

L'aveuglement intégriste ne permet de réaliser aucun de ces points énumérés ci-dessus. Seule le peut la conscience nationale. Les intégristes ont des mollets de coq. Résistants jusqu'à quand ? Quant à la conscience nationale, elle aide à surmonter, ensemble, tous les deuils et malheurs subis, pour rassembler les volontés de paix, les compétences, les idées nouvelles, et marcher de l'avant, en résistant à l'esprit maladif du nihilisme.

Tout candidat à la présidence de la République devrait s'engager, clairement, sur cette question capitale de conscience nationale, au lieu des plans raisonnés habituels, grottes en rocaille, qui ne s'ouvrent pas assez sur la patrie, la collectivité nationale, la communauté des ethnies et des régions du Congo. Le candidat ou la candidate élu(e) ne demeure pas président(e) de son parti, mais devient automatiquement, président(e) de tout le Congo, rassemblé en démocratie républicaine, pour le meilleur.

VI. - LA DÉMOCRATIE ET L'AFRIQUE

Au Congo, il est advenu une longue guerre civile, dans un État de droit, dans une République démocratique jouissant de son intégrité territoriale et de sa souveraineté internationale. Plusieurs années de destruction par le feu des armes lourdes modernes. Plusieurs années d'errance pour un peuple dont il faut craindre qu'il ne retombe dans les intégrismes séparatistes, les espoirs ethniques étriqués, quand se fait absente la conscience nationale.

En Côte d'Ivoire, la citoyenneté est refusée à un ancien premier ministre, né de deux ascendants aux nationalités différentes : extraordinaires propos dans un État de droit longtemps exemplaire pour sa stabilité politique, son développement économique, ses succès culturels et sportifs, son école de médecine internationalement réputée.

Au Sénégal, la conscience nationale, l'honneur collectif, le respect du peuple, de sa dignité et de sa volonté ont triomphé : le Président Abdou Diouf, expérimenté commis de l'État, accomplit le rite de la passation du pouvoir avec un rare sentiment républicain. Le Président Abdoulaye Wade, panafricain et démocrate depuis toujours, discute longuement avec son prédécesseur. Il va même manger chez la mère de celui-ci et reçoit la traditionnelle bénédiction. En outre, il reconnaît avoir des amis dans les essaims politiques adversaires et décide de respecter les engagements pris lors des négociations avant le second tour des élections. Cette victoire de la démocratie africaine au Sénégal est due de façon évidente à des forces nationales concrètes. À savoir, une Jeunesse qui ne manie pas et ne joue pas avec les armes à feu modernes, une classe d'intellectuels, d'hommes et de femmes politiques acquis aux valeurs les plus hautes de la vie publique, une armée disciplinée et patriotique, une justice compétente et souveraine, éduquée dans le sens strict du devoir national. Enfin, il y a surtout un peuple qui a construit sa propre vie qu'il n'entend pas détruire : c'est le produit de son effort qui remonte en fait à l'indépendance, voire à la période coloniale.

Le Congo, la Côte d'Ivoire et le Sénégal ont un même passé colonial dans le cadre de l'Empire français. Ils ont un même pédagogue, les mêmes valeurs de la « Francophonie » ou disons qu'ils appartiennent à la même communauté franco-africaine. Les élites intellectuelles et militaires ont été dans les mêmes écoles métropolitaines. La réalité sociale africaine reste rigoureusement la même concernant le chômage, le logement, le sida, l'école, l'hôpital ou le pouvoir d'achat.

Les démocrates congolais, Sorbonnards et Saint-Cyriens, se refusent d'aller aux élections présidentielles et imaginent plutôt des scénarios de la mort. Ils mettent leur pays à plat avec le concours des mercenaires chèrement payés. Les Congolais, intelligents, donnent toutes les grosses sommes d'argent de leurs recettes fiscales pétrolières aux mercenaires et aux marchands d'armes. Ces derniers font fortune alors que les Congolais errent affamés dans les brousses de leurs ancêtres. Les palabres « démocratiques » congolaises ont engendré, dans ce pays d'Afrique centrale équatoriale, une culture du crime politique, à la satisfaction de la classe politique, apparemment. Les mercenaires avec leur arrogance ont le Congo sous leur domination. Dialecticiens, les Congolais justifient cela par des robes de grossesse : les amis, les accords, la sureté, l'incapacité de l'armée nationale, etc. Tout y est vague, nébuleux, flottant, imprécis, mais rituellement efficace.

Qu'est-ce que la démocratie, alors ?

Il faut des textes pour réglémenter les affaires : Constitution, lois et actes divers qui donnent cadre juridique à la République. Il faut respecter ces textes, sans aucune exception. Les juridictions compétentes doivent les appliquer strictement, avec justice et rigueur, sans esprit partisan. Les politiques doivent se soumettre à la loi républicaine, qu'elle serve ou non leurs intérêts particuliers. Aucun texte n'est l'incarnation de la perfection. Il ne faut donc pas pinailler à longueur de mois et d'années sur les textes qui sont la clé de voûte de la démocratie et qui ont été consensuellement acceptés par le peuple (référendum), par toute la classe poltique, par les organes habilités à le faire au nom de la République.

Les Congolais ont la manie tout à fait étrange d'argumenter sans cesse sur le bien-fondé des textes adoptés librement et consciemment par eux-mêmes. Ils deviennent bientôt exclusifs dans leurs opinions. Les tensions grandissent. D'un moment à l'autre, les camps armés s'affrontent. Il existe au moins une vingtaine de « Constitutions » et d' « Actes fondamentaux » au Congo : tous ont été discutaillés sans exception et de nombreuses guerres civiles peuvent témoigner de ces disputes constitutionnelles. Personne n'a tort, personne n'a l'humilité de reconnaître la vanité de ses revendications, personne n'admet la rigueur de la loi, le verdict des urnes, l'expression de la volonté populaire, surtout si les choses ne sont pas à l'avantage des rêves et des prophéties.

On dit aux siens : « Il est douteux que la victoire ait pu m'échapper ». Les partisans le comprennent de la façon suivante : « Dressons les barricades ». La capitale est bombardée avec les orgues de Staline. Le peuple surpris, hébété, va errant sur les chemins de l'infortune. Les accords viennent et ne viennent pas. On propose la partition. Les Congolais sont des mauvais drôles en politique. Le Droit, pensent certains, c'est ce qui sert « leurs » intérêts et non ceux de l'adversaire politique. À partir de telles positions, on fait durer le plaisir de se tuer par mercenaires interposés.

La démocratie à mes yeux est infiniment plus signifiante que son cadre purement formel : les valeurs politiques, philosophiques, morales, spirituelles qui la fondent. Il s'agit de valeurs de respect mutuel, celles qui essaient de donner à la vie humaine un sens de beauté. En clair, les valeurs humaines qui ont pour symboles la balance de l'équité, la houe de la paysanne, le filet du pêcheur, le crayon de l'écolier, la craie du moniteur, le bistouri de l'infirmier, le stéthoscope du médecin, le sourire amical. Ces mêmes valeurs peuvent être nommées autrement : dignité humaine, justice sociale, liberté d'expression, esprit communautaire, conscience professionnelle, dévouement, amitié, fraternité.

Que signifie la paix sociale sans liberté d'expression ? Que signifie en effet la paix sociale si les regards des hommes et des femmes du pays refusent de se croiser en signe de sympathie, de liberté dans les opinions, de différence dans les idées ? Ces conditions indispensables sont à la base du respect réciproque, et du travail collectif en vue de faire avancer un pays.

Textes et valeurs (abstraites) ne suffisent pas dans la démocratie. Il faut y ajouter, nécessairement, la volonté humaine. Les textes et les valeurs républicains peuvent exister ou être connus, discutés ou appréciés. Mais quand la volonté de bien faire manque, on peut aboutir à des massacres impensables.

Quand on enseigne : « Les événements font l'histoire », il faut y entendre que c'est la volonté humaine qui est le véritable moteur de l'histoire. Et ce ne sont pas la « race » et l'ethnie comme l'avaient pensé les Nazis hier, les intégristes et les séparatistes aujourd'hui. Ce ne sont pas les textes, même les plus parfaits au plan de la concision juridique qui pourraient jouer ce rôle.

Pour que la couturière travaille, il lui faut du fil et une aiguille (d'or ou d'argent, peu importe). C'est essentiel, mais c'est nettement insuffisant. Il lui faut du tissu (en soie, wax ou satin, peu importe). Tout est réuni : fil, aiguille, tissu (pagne), machine à coudre, atelier de couture, clients, argent. Il manque cependant l'irremplaçable : outre la compétence exigée, la couturière doit vouloir faire le travail, c'est-à-dire imaginer un modèle, créer, corriger son dessin, rechercher le fini, se fixer un calendrier pour faire avancer le travail. Sans la volonté et la conscience de la couturière, le fil, l'aiguille, le tissu, l'atelier et l'argent n'y peuvent absolument rien.

Que l'on passe outre cet exemple qui est quelque peu terre à terre, pour comprendre que c'est essentiellement la volonté collective des habitants du Congo de vivre et de travailler ensemble, dans le débat fructueux et constructif, qui fera progresser leur pays. Les jeunes ne s'arment pas d'eux-mêmes. C'est la volonté politique qui les envoie à la mort atroce. Cette même volonté politique peut construire, pour eux, les écoles, les collèges, les lycées, les universités, les instituts et centres de recherche. Cette même volonté politique peut se battre pour amoindrir le chômage, sinon le supprimer, dans un si vaste pays mal peuplé et sous-développé.

Bel exemple de volonté politique démocratique au Sénégal, et mauvais exemple de volonté démocratique au Congo : dans ces deux pays existent des loges maçonniques et rosicruciennes, parfois unies dans la chaîne de la Fraternité universelle. Ici, on célèbre la victoire de soi sur soi. Là, on dispute les morts – des compatriotes – avec les chiens, pour tenter de les inhumer vaille que vaille.

Le Congo a été blessé, meurtri, crucifié dans sa chair. Il faut commencer par reconnaître notre entière responsabilité dans un tel vandalisme collectif. Ensuite, collectivement, demander pardon, c'est-à-dire avoir la volonté de se dire que tout est encore possible, entre les ethnies et les régions du pays, pour le Congo.

Ces longues veillées mortuaires. Trop longues, douloureuses, insupportables. Ces morts, hommes, femmes, enfants, bébés : tous innocents, partis comme des ordures, à la chaîne, treillis heureux du « nettoyage », tel est le terme en faveur.

Dans les plaines, les savanes et les forêts, l'eau bue est un véritable poison pour les citadins habitués à plus propre liquide. Plat du jour : des baies, à peine mûres, disputées avec des bêtes féroces. Aucune poiscaille. On dort à plat ventre dans l'herbe. Les corps perdent immédiatement leur poids, leur prestance, leur beauté et leur dignité.

Les hommes et les femmes politiques ont plié le Congo à leur volonté robobisée par la soif du pouvoir d'État. C'est le contraire qui devait avoir lieu : la soumission de la classe politique congolaise à la volonté du peuple.

Il ne s'agit donc pas de n'importe quelle volonté politique. La détermination dans le mal qui consiste à ne pas faire de quartier et à tenir tout le pays sur le qui-vive est une détermination humaine pauvre.

Tuer un Mbochi, c'est tuer une puce d'eau. Tuer un Kongo, un Lari, un Sundi, c'est tuer une puce de sable. Quelle différence, au fond ? La vie est la même. Elle est sacrée partout. Le psychisme collectif congolais, au plan politique, doit cesser de se livrer à des excuses et à des procédés explicatifs partisans, odieux, indignes de la tradition africaine authentique.

Comprenons donc la politique, désormais, comme débat d'idées, alternance démocratique, respect mutuel, parfois comme cohabitation, toujours comme œuvre de construction et non de destruction, de civilisation et non de barbarie, de progrès et non de recul. Tous les partis politiques congolais veulent tous (accordons cela) le bien du Congo, le bonheur de ses divers habitants, du Nord au Sud, de l'Est à l'Ouest. Les partis qui gagnent ne sont pas les seuls (et les meilleurs) à vouloir le bien-être social, culturel, économique et politique du pays. Les partis qui perdent les élections ne sont pas moins positifs dans le débat national et la construction du pays. Ceux qui gagnent peuvent par conséquent « partager » le pouvoir d'État avec ceux qui ont perdu les élections : le partage sied à la démocratie à la congolaise. Le langage : « C'est notre tour ! Nous avons attendu assez longtemps ! Vous pouvez, vous aussi, attendre votre tour ! », est un langage que ne tient pas un démocrate véritable. Les Congolais ne sont pas si nombreux. Les compétences leur manquent cruellement dans divers domaines techniques. Ils se connaissent tous, dans le privé comme dans le public. Ils peuvent donc participer, tous, à la construction d'une belle pyramide : pour eux-mêmes, les futures générations, l'Afrique et le monde.

La démocratie ne signifie pas querelle éternelle, perpétuel des innocents, destruction par le feu, violence sanglante, exil forcé des cadres. Ramener enfin la confiance du Congo en lui-même, dans l'unité et la solidarité. C'est la tâche immédiate, à mes yeux, à laquelle devrait s'atteler prioritairement le Président de la République.

VII. - LA JEUNESSE DU CONGO : EXIGENCE DE SON UNITÉ

Les jeunes diversement étiquetés au Congo, comme « Cobras », « Ninjas », « Aubevilliers » et autres « Zoulous », l'ont été du fait des guerres civiles, politiques à l'échelle nationale. Il est certain que tous ces jeunes n'adhèrent pas à des partis politiques alors en guerre. Ils ont été utilisés, armés, abusés et souillés. Beaucoup d'entre eux sont morts à la désolation de nombreuses familles congolaises. Les Aînés ont utilisé les cadets comme chair à canon. Les papas ont abusé des enfants (des autres), les droguant pour paralyser leur intelligence. Le gâchis est là, avec une certaine culture du crime politique chez les jeunes.

Au sein d'un même groupe, il y a des factions ennemies, des divisions avec leur propre commandement, des sous-quartiers contrôlés par les uns et les autres. Les biens pillés ont été vendus pour pas cher. Le peu d'argent accumulé a été vite dépensé dans le jeu, le sexe, le futile. Alors on s'organise pour voler à mains armées. Les jeunes qui se croyaient « héros », « vainqueurs », soupèsent maintenant le pourquoi de tant de violences qu'on leur a prescrit de commettre. Même sentiment chez les jeunes qui croyaient vivre en brousse pendant longtemps, avec les serpents et les animaux sauvages.

La jeunesse congolaise désespère, gagnée par la tristesse. D'ordinaire cette jeunesse est entreprenante, enthousiaste, vigoureuse, intelligente, studieuse, attentive aux détails portant sur son avenir. La jeunesse congolaise est gaie, fière, propre, bien habillée, sportive, artistique. Elle connaît le sacrifice, le dévouement, le soutien sans conditions des causes justes. Il est évident que les « Ninjas », « les Mambas » et les « Cobras » ne sont pas naturellement ennemis entre eux. C'est la politique violente et sanglante des Aînés qui les divise pour rien en fin de compte.

Ces jeunes du Congo savent taquiner la muse, écrire des romans, des essais, des nouvelles. Ils sont presque tous des musiciens, jouant de tout. Les ballets qu'ils forment ont des mouvements vifs, harmonieux. Les corps sont beaux, masculins et féminins. Ces jeunes connaissent par cœur les pièces de Guy Menga, de Marcel Sony Labou Tansi, de Sylvain Mbemba, d'Antoine Letembet Ambily, de Maxime Ndébéka. Jeunes gens et jeunes filles ont depuis pris la relève, avec génie, à l'école de Peinture de Poto-poto, - fameux centre de formation artistique dont la renommée va jusqu'au Japon, par exemple.

Mais ces jeunes ne sont pas que des « Jeunes », sans plus, profitant de l'insouciance de leur âge. Ils sont l'avenir de tout le Congo, dès maintenant, dans le temps qui court. Orienter la jeunesse d'un pays vers le mal, c'est être contre un tel pays, boucher son avenir, l'extraire volontairement des luttes et des perspectives mondiales heureuses de demain. Le dynamisme de la jeunesse du Congo doit être dirigé vers la construction et non vers la destruction du pays. Le Congo a énormément besoin de cette discipline, aujourd'hui plus que jamais.

Tant d'énergies, de potentialités, tant d'intelligence, de créativité ; tant de dévouement excellent ; tant d'envie de connaître, d'apprendre ; tant de soif pour le voyage à l'étranger en vue d'élargir son expérience ; tant de beauté, d'effervescence juvénile. Bref, tant d'espoir : à gaspiller ?

A l'égard de la jeunesse, il n'y a pas peu ou prou à faire, à donner, à consentir. Il faut tout donner à la jeunesse pour préparer le Congo de demain : l'étude stricte et rigoureuse des réalités congolaises, africaines et mondiales d'aujourd'hui ; le loisir sain, tonifiant, restaurateur des énergies juvéniles ; l'ouverture impérative aux sciences et technologies de la modernité (globalisation oblige) ; la connaissance critique des idéologies, des valeurs, des interrogations et problématiques du monde contemporain ; l'élaboration des stratégies pour la Renaissance africaine.

Quels sont au Congo, aujourd'hui, les symboles accrocheurs de la jeunesse ? Ses images mentales caractéristiques ? Ses espoirs les plus vifs, les plus nettement déterminés ? Les formes et expressions sociologiques concrètes qui traduisent l'intrépidité de la jeunesse du Congo ?

Aux USA, je n'habite pas si loin que ça de la Silicon Valley. Un monde étrange, presque silencieux, absent à lui-même, qui est cependant le berceau de l'une des compagnies mondiales les plus avancées en « high-tech ». Les experts expliquent qu'ils perfectionnent seulement l'art de l'innovation systématique au point où cet art devienne une clé de l'existence dans le futur. A la demande de plus d'explication, ces experts (qui travaillent dans tous les domaines du savoir : Défense, Espace, Communication, Ordinateurs, Affaires, Services, Sciences exactes, Biosciences, Environnement, etc.) répondent : l'innovation dont il est question est une interaction et une fertilisation croisée d'idées, de concepts, de produits et de services pour former un seul noyau industriel susceptible de générer un environnement qui puisse faire la promotion du développement à travers l'économie locale, elle-même processus dynamique du développement national. Ainsi, les USA sont devenus le réseau des réseaux. La Silicon Valley est une solide infrastructure qui combine tout : art de la communication, système informatique, facilité moderne de transport, université, recherche, environnement, finance, services, marché, industrie, etc.

Un monde tout à fait nouveau s'ouvre à l'humanité. Il y aura des pays leaders en cet âge des Technologies de l'Informatique (USA, Japon, Allemagne, Grande-Bretagne, France, Belgique, Pays-Bas, Suisse, Inde, Hong Kong, Singapour, Taïwan, Corée du Sud, etc.) où la coopération sera purement virtuelle à cause des mouvements de convergence impliquant divers domaines de la connaissance humaine (dans un univers où la part de l'inconnu est presque intacte). Il faut plutôt préparer des « fenêtres », des « attentes », des « sites mouvants », des « schémas conceptuels », pour s'insérer dans une telle globalité. Il y aura beaucoup de changements culturels et historiques, psychologiques et sociologiques. Les affaires du monde changeront énormément. Il y aura une intense (et cruelle ?) compétition internationale, avec tant de complexes industriels équipés de « high-tech », à travers le monde. Gouvernement, hommes et femmes d'affaires, société dite civile, banques, leaders de communautés, d'universités, d'instituts divers, etc., deviennent tous « novateurs » et « entrepreneurs » pour le développement d'une région, d'une nation, d'un pays. Recherche fondamentale, recherche appliquée, marché, production en masse et marketing sont des phases intégrées de l'innovation technologique. Les concepts originaux sont particulièrement recherchés, des alliances de globalité/Globalisation des activités économiques et des services, globalisation de la communication : c'est le marché à longue distance nécessitant réseaux bancaires et financiers, monnaie, marché, réservation de vols aériens, d'hôtels (six mois ou un an à l'avance), promotion, conférences et séminaires, rapidité dans le traitement des informations, etc.

Pour avoir bonne conscience dans cette nouvelle forme de guerre planétaire, les puissants insisteront sur les « Droits de l'Homme », la « Démocratie », la « Dette », etc., tout en contrôlant tout, en installant des réseaux inaccessibles aux faibles, à ceux qui perdent leur temps, leur énergie et leur intelligence, leurs sous et leur jeunesse dans des guerres civiles parfaitement inutiles. Le Congo n'appartient pas à un individu. Reculer à l'heure actuelle est un crime que les générations futures ne pardonneront pas, de si bon cœur.

Compte tenu de tout ce qui précède, le Président de la République devrait créer un grand Ministère de la Jeunesse auprès de la Présidence de la République, pour réparer au plus vite l'immense tort causé par les politiques congolais à la Jeunesse de leur pays.

Le premier acte à poser par ce ministère de la jeunesse sera de tenir les Assises nationales de la Jeunesse du Congo, sans affichage de partis politiques. Que les Jeunes réfléchissent, analysent, fassent des propositions directement au Président de la République. A lui de les exploiter au plan psychologique, sociologique, politique, économique, culturel, éducationnel, organisationnel, etc. Il faudra éviter, à tout prix, les grandes messes habituelles, les « orientations « qui ne font que maintenir les hypocrisies. Les jeunes, garçons et filles venus de toutes les régions du pays, sans esprit de clocher, face à face avec le pays, la nation, et leur propre avenir, doivent enfin réfléchir (sans la tutelle néfaste des « Doyens »), par eux-mêmes, pour eux-mêmes, en toute clarté, amitié et sincérité.

Ma proposition signifie exactement ceci : que le Président de la République fasse tout le possible pour regrouper la jeunesse du pays dans un cadre nouveau d'idées et de travail. Les guerres sont finies. Les jeunes du Congo doivent se retrouver, sympathiser, discuter, débattre, critiquer, proposer, dépasser les incompréhensions, effacer les rancœurs, s'embrasser fraternellement. Le Congo a besoin de leur énergie collective, pour avancer, construire, planter pour demain les graines de la paix dans le sol national.

VIII. - POUR UNE ARMÉE CONGOLAISE MODERNE, CIVIQUE ET RÉPUBLICAINE

Il y a déjà l'acquis : les militaires qui veulent faire de la politique doivent ne plus prendre part activement aux fonctions et missions de l'armée nationale, d'aucun de ses corps ; les missions de l'armée consistent à assurer la sécurité du territoire national, celle des personnes et des biens, etc.

Mais il faut réformer l'Armée Congolaise du tout au tout : construire des casernes à Pointe-Noire, à Dolisie, à Nkayi, à Brazzaville, etc. ; restructurer les corps et les commandements dans le sens d'une redynamisation ; faire respecter de façon absolue la discipline militaire dans l'armée, du général au soldat de 1re classe : une armée sans discipline stricte n'a pas de punch ; vêtir les militaires (tenues, chaussures, etc.) avec dignité pour qu'ils soient bien dans leur psychologie de fierté et d'honneur : les haillons amoindrissent le respect ; équiper les infrastructures sanitaires, scolaires, éducationnelles, sportives, économiques, culturelles, propres à l'Armée nationale ; faire appliquer strictement les règlements militaires, sans exception ; concevoir des stages dans le pays ou à l'étranger ; faire des promotions et augmenter les ficelles dans la rigueur selon le mérite, la compétence, le dévouement, le respect scrupuleux des principes du métier de soldat. Tout cela est assez ordinaire, normal, correct.

C'est normal que l'armée soit bien équipée pour être opérationnelle : bâtiments marins, avions, hélicoptères, camions et véhicules de toutes sortes, engins de combat (chars etc.), terrains vagues d'exercices militaires en dehors des villes, moyens modernes de communications, de télécommunication, de transmission, armements puissants divers. Une Armée sans commandement hiérarchique strict, sans discipline très rigoureuse est une Armée qui peut être facilement stressée.

L'Armée nationale congolaise doit donc être d'abord équipée, instruite, modernisée, courageuse et fière. C'est le corps social le plus organisé, le plus discipliné et le plus puissant de la société. Il faut que l'armée nationale congolaise soit d'abord une armée digne de ce nom.

Ensuite, il faut la rendre civique, c'est-à-dire une institution forte et équipée pour défendre les intérêts de la nation, de l'État, et non des leaders politiques au pouvoir. Le président congolais élu au suffrage universel ne doit pas commencer par créer du désordre au sein de l'armée, en renvoyant des militaires qu'il ne veut pas « sentir » à cause de leur appartenance ethnique ou régionale. Il ne faut pas soustraire aux militaires leur sens de l'honneur, leur fierté dans leur uniforme, leur dignité humaine. Ce sont des citoyens comme tous les autres habitants du Congo. Chez eux, le sens du civisme devrait être encore plus exemplaire à cause de la formation reçue. La Patrie, rien que la Patrie, sans sous-traitance. La Patrie, toujours la Patrie, jusqu'au sacrifice suprême, si nécessaire. La flamme de la Patrie brûle dans le cœur de l'homme du métier des armes.

Si les habitants du Congo n'ont pas une conscience nationale élevée, un sens patriotique aigu, comment en vouloir au civisme et au patriotisme de l'Armée ? L'un ne va pas sans l'autre. Le civisme et le patriotisme de l'Armée lui viennent de l'ensemble de la nation et de la patrie. Armée, nation et patrie sont trois entités étroitement unies. L'armée appartient à la nation, à la patrie. La nation et la patrie sont protégées par l'armée. Le Chef de l'État préside le Haut Commandement militaire. La décision de faire la guerre militaire et non la guerre civile appartient au Chef de l'État, et c'est lui qui dispose de toutes les forces militaires du pays.

Une armée civique, c'est cela : le Chef de l'État, la nation, la patrie, font qu'une armée est moderne, équipée, civique, patriotique ou pas. La discipline militaire est une affaire propre à l'armée. Textes et règlements existent. A la hiérarchie de les faire appliquer en toute rigueur, en toute objectivité, en toute impartialité et en toute justice militaire.

Les stratégies, les tactiques, les stratagèmes, les opérations, les renseignements, la discipline relèvent de l'armée elle-même : son organigramme répartit clairement les postes, fonctions et charges ; les hiérarchies sont également fixées, avec rigueur. L'État, la nation et la patrie sont ainsi gardés, protégés, confiés à des hommes et à des femmes d'élite.

Ainsi modernisée, équipée, civique et patriotique, l'armée devient facilement républicaine d'esprit si jamais la République elle-même existe dans les faits et pas uniquement sur des textes. L'armée républicaine n'est pas un amalgame de militaires recrutés dans toutes les ethnies, toutes les régions, pour faire bien, sans plus. NON. L'armée républicaine sert la République sous l'État-major général, le Ministère de la Défense et le Président de la République. Les valeurs d'une Armée républicaine sont : fidélité à la constitution dont le garant est le Président de la République élu au suffrage universel ; fidélité au peuple, à la nation, à la patrie, à la République, aux valeurs de légalité et de légitimité républicaines, aux principes sacrés de justice républicaine et aux idéaux supérieurs républicains (unité nationale, égalité, liberté, solidarité). Les intérêts de la nation, en danger, sont défendus par l'Armée.

L'Armée nationale congolaise a été minimisée, sous-estimée, presque humiliée. Les guerres civiles répétitives l'ont divisée. Il faut que l'Armée et toutes les autres forces publiques, Gendarmerie, Police, retrouvent leur blason, leur réputation civique et républicaine. Armée, Gendarmerie et Police sont les piliers solides de l'édifice républicain. Le peuple congolais doit être fier de ses Forces : Armée, Marine, Gendarmerie, Police, Force de l'ordre public, Force de sécurité etc.

Au Congo, pendant des années, la Sécurité Publique a totalement fait défaut. On a du mal à comprendre une telle désorganisation des forces de la Sécurité Publique. Du coup, le banditisme, le vol à mains armées, la drogue, ont été multipliés par mille à Brazzaville notamment. On n'a pas donné les moyens nécessaires, financiers, matériels, psychologiques, à ces Forces Publiques pour assurer la sécurité des personnes et des biens.

La valeur, l'honneur, la dignité, le courage, le sens aigu du devoir, le respect des institutions républicaines, la protection de la nation entière, le civisme et le patriotisme au plus haut point, l'amour du pays, le respect de soi, de la hiérarchie, la discipline stricte et rigoureuse, la formation selon des modalités du monde contemporain, telles sont quelques-unes des vertus cardinales d'une Armée, d'une Gendarmerie et d'une Police de métier. Le commandement ne doit pas émaner des « amateurs », mais des professionnels compétents, stricts, heureux d'accomplir leur devoir, leur mission, et d'apporter leur contribution à la construction d'un État de droit, d'une nation prospère, d'une patrie communautaire, d'une République d'hommes et de femmes respectueux de la légalité et de la légitimité, des règles, lois et normes convenables à la vie publique moderne.

Autrement, les politiques doivent s'interdire de bâtir une Armée, une Gendarmerie et une Police tiraillées entre les ethnies, les régions, les leaders comme leurs partis politiques qui ont rarement une envergure nationale. Les partis politiques eux-mêmes ne peuvent pas exiger civisme aux Forces publiques et armées nationales, patriotiques et républicaines tout en restant eux-mêmes dans des enclos ethniques et régionaux. Dans ce cas, l'Armée, la Gendarmerie et la Police vont servir quelle ethnie, quelle région ? On ne peut pas exiger plus des autres tout en faisant moins soi-même.

Si les partis politiques sont des bois morts, engoncés dans leurs intégrismes, messianismes, tribalismes et régionalismes, comment exiger dans le même temps aux Forces nationales d'être du bois debout ? Tout le monde doit être du bois : la nation, le peuple, les partis ; les associations, les travailleurs, les entrepreneurs, les écoliers, les élèves, les étudiants, les hommes et les femmes, les jeunes.

Être du bois, c'est-à-dire être actif, intensément, dans l'unité, la solidarité, la cohésion sociale, la concorde nationale, les droits et devoirs républicains. En d'autres termes, la discipline et l'honneur exigés à l'Armée, à la Gendarmerie et à la Police doivent être exigés aussi de toutes les forces vives nationales. C'est une vaste refonte nationale qui est à envisager : nos mœurs publiques, nos disciplines collectives, nos civismes et patriotismes, à la place de nos visions politiques intégristes et séparationnistes qui veulent mettre sous le boisseau les intelligences du pays.

L'Armée, la Gendarmerie et la Police ne peuvent pas tout faire, seules, sans l'appel et le concours de toute la nation, de toute la République. Bâtir une Armée, une Gendarmerie et une Police modernes, respectueuses du droit républicain, des valeurs universelles qui fondent les sociétés et les civilisations humaines, doit être perçu comme le devoir urgent de tout un peuple, et non l'affaire du seul Président de la République, même s'il est du métier des armes.

On ne peut pas construire une société, un État de droit, une République démocratique dans le désordre, la pagaille, l'indiscipline collective caractérisée, le laisser-aller des Jeunes. L'autodiscipline est une grande marque de confiance en soi.

Les habitants du Congo n'aiment pas la discipline collective. Ils appellent cela abusivement : « dictature », « tyrannie ». Mais sans discipline collective, les risques de désordre sont considérables : guerres civiles, pillages, crimes, viols, destructions. Les guerres civiles ont été longues à cause de l'amour du désordre qui permet de piller librement. Le pillage des magasins, des villas, des édifices publics, a été qualifié de façon saugrenue par ces termes : « le butin de guerre ». C'est l'indiscipline qui amène beaucoup de malheurs au pays. Toute la société est indisciplinée dans la Congolie.

On fait des sauts de léopard ou de lion qui sont en fait des sauts de la mort. Il n'y a aucune bravoure, à mon avis, à tuer les vieux, les femmes, les enfants et les bébés au cours d'une guerre civile. Les marchés occasionnels créés pour vendre les objets pillés et volés ne durent pas et ne sauraient porter bonheur, richesse, paradis. Les politiques, les militaires, les chrétiens, etc., allaient eux-mêmes se ravitailler sur ces marchés de fortune. Qui est plus saint (et sain) : le vendeur ou l'acheteur? La morale, l'honneur, le sens des valeurs et l'exigence intellectuelle font tristement défaut.

Les églises, les cultes, les leaders spirituels du pays, le Gouvernement, les associations, les partis politiques (tous) doivent aider le Président de la République à rétablir le droit au Congo, à bâtir une Armée, une Gendarmerie et une Police dans un environnement social moins pollué. Sans discipline collective rigoureuse, les choses seront compliquées à l'infini. Le manque, immense, de la discipline collective chez les Congolais, est très caractéristique de leurs mœurs publiques.

Or, l'Armée, la Gendarmerie et la Police ont des hommes et des femmes de métier bien formés, acquis à la discipline stricte dans le devoir et le commandement. Des hommes et des femmes fiers de leurs institutions et de leurs corps professionnels. Des hommes et des femmes d'honneur. Au point où en est le Congo, ce qui le sauvera, à mes yeux, c'est la générosité de ses Forces armées.

Une Armée républicaine ne tombe pas du ciel. Elle exige moyens, discipline, hommes et femmes de valeur, de devoir et d'honneur. Le Congo a besoin de façon urgente d'une armée républicaine. Il faut que le Président de la République puisse diligemment continuer à travailler à cela.

Je n'ai pas la priorité d'une telle proposition. J'ai seulement l'avantage, je crois, d'être politiquement plus explicite, plus clair et complet sans doute. En tout état de cause, il faut élever une digue contre tout ce qui corrode l'effort national des habitants du Congo de vivre dans la paix, heureux d'être, de travailler et de mourir sur le sol de leurs ancêtres.

IX. - L'ÉDUCATION, L'ENSEIGNEMENT, LA RECHERCHE L'UNE DES GRANDES CLÉS POUR L'AVENIR

Le refrain, bonimenteur, est connu : « Le Congo est scolarisé à 100 % ». C'est juste et faux au plus haut point. Tous les bébés savent déchiffrer l'alphabet au Congo. Ils vont tous à l'école de leur village. C'est le bonheur. Les responsables nationaux de l'Éducation jubilent. Les statistiques sont excellentes. Le problème est que le Congo aime se mentir à lui-même. Plus ça va mal, mieux le Congo trouve. Puisqu'ils vont à l'école, avec des cahiers, des livres, des maîtres, ces enfants du Congo traduisent la réussite scolaire du pays, d'autant qu'ils ne se plaignent jamais, habillés de kaki ouvrier, jupes et culottes propres, satisfaits comme les manguiers sous le soleil.

Tout ce tableau idyllique est abusif, trompeur, mensonger. Le Congo a les enseignements primaires, secondaires et universitaires parmi les plus bas du continent africain. Les Collèges d'Enseignement Général (CEG) sont essaimés sur tout le territoire national : la classe de 3e devient le bout de presque tous les collégiens et collégiennes. On va au chômage brevet en poche. C'est systématique.

Ceux qui, par chance ou magouille, passent au lycée, veulent apprendre, mais les moyens manquent cruellement : laboratoires équipés, ouvrages de base, salles d'études avec bibliothèques, restaurants, dortoirs, toilettes. A la moindre crise, les Congolais prennent les bancs et chaises pour faire du bois de chauffe. Les tôles des toitures sont arrachées pour aller couvrir des cases. Les excréments humains inondent les cours et les salles de classe. De la puanteur amplifiée par des mouches bleues, à l'odorat très perfectionné. Les clôtures des écoles et collèges sont cassées, pillées, vendues à l'encan.

A l'Université de Brazzaville qui porte le nom du Président assassiné, le Commandant Marien Ngouabi, initié en son temps à l'énergie solaire par le professeur Anaclet Tsomambet (spécialiste de la physique du Plasma) et le Professeur Abdou Moumouni, savant et humaniste, les choses se sont complètement dégradées : la Faculté des sciences a été totalement pillée au cours des guerres. Quant à Bayardelle, c'est la désolation totale : espaces étroits, malsains, bâtiments sans toits fiables, sans portes, sans fenêtres ; la bibliothèque ne commande plus de livres de peur de faire tomber le bâtiment central. Aucune machine photocopieuse pour les enseignants et les étudiants. Le tableau est si sombre qu'on a de la peine à y croire, mais la réalité est bien celle-là. Le dévouement et les compétences ne manquent pas. Cependant, il n'existe aucune revue scientifique digne d'être remarquée.

Et pourtant, ces mêmes étudiants congolais font des miracles lorsqu'ils étudient à Libreville, à Massoukou, au Gabon ; à Abidjan, à Yamoussokro, en Côte d'Ivoire ; à Ouagadougou, au Burkina Faso ; à Dakar, au Sénégal ; à Lomé, au Togo. Ils brillent de mille feux, tout autant, en France, en Italie, en Belgique, en Allemagne, en Grande-Bretagne, aux USA, au Canada, en Chine et au Japon. Beaucoup de Congolais et de Congolaises enseignent dans les universités étrangères, avec compétence et admiration. Ils font courageusement preuve de compétitivité internationale dans plusieurs domaines des savoirs modernes. Beaucoup de jeunes médecins congolais travaillent en Afrique du Sud. Il y a des chirurgiens et des économistes congolais en Guadeloupe. Dans le domaine des arts, Malonga dit « Casquelourd » a diffusé, avec un immense succès, la musique congolaise en Californie et à Hawaï : il enseigne à l'Université de San Francisco. Le chimiste et écrivain Emmanuel Dongala enseigne aussi dans une université américaine : la chimie compliquée liée au nucléaire.

Le Congo a des talents, des génies, des hommes et des femmes de lettres, de science, de théâtre, de danse et de musique parmi les meilleurs du monde.

Que faire ?

Tout d'abord, faire confiance les uns aux autres. Les cerveaux congolais actifs, ouverts à la modernité, doivent dialoguer, discuter, palabrer, critiquer, débattre, sans suivre nécessairement les aveuglements et les chauvinismes ethniques. Ce sont tous les chercheurs congolais qui sauveront le Congo, et non un seul, à moins d'une prétention aberrante, pathologique.

Ensuite, le pouvoir d'État, le gouvernement de la République, la nation entière, doivent investir beaucoup : équipements modernes, bâtiments appropriés pour la pédagogie, la recherche, la formation ; infrastructures de toutes sortes. Tous les hommes et femmes d'affaires, tous les commerçants (en gros ou en détail : Libanais, Grecs et autres) doivent contribuer financièrement à la réhabilitation de l'enseignement primaire, secondaire, universitaire, technique et professionnel au Congo. Le monde industriel (Pointe-Noire et environs, Nkayi, Loutété, les forestiers du Haut Congo) doit également intervenir financièrement. L'Université doit pouvoir signer des contrats avec le monde du travail : stages des étudiants, projets en association, brevets, séminaires, colloques, voyages à travers le pays pour exploration et éventuelle exploitation des gisements intéressants (le Gouvernement doit également être impliqué). Il faut changer, innover, bousculer nos vieilles manières de penser, d'agir, de résoudre les problèmes.

Confiance, construction, innovation et dynamisme ne suffisent pas. Il n'y a pas d'uniformité en la matière. Nous avons nos traditions, nos coutumes, nos valeurs de civilisation.

Ainsi, dès le Primaire, il faut introduire des enseignements qui apprennent la coopération, la collaboration, l'imagination, la créativité, la connaissance du Congo, le civisme, l'amour de la Patrie, la lucidité, la pensée qui apprend à se critiquer elle-même, à se mettre en cause, pour avancer et améliorer. Jardinage, couture, cuisine, danse, musique, promenades, théâtre, ballet, scoutisme et tant d'autres activités (sport, natation, jeux) sont à introduire dès l'école primaire. Des compagnies, des sociétés industrielles, des commerçants (Libanais, Grecs, Turcs et autres) doivent financer les voyages des élèves à travers le Congo : les billets, les problèmes de sécurité, l'alimentation, le logement, la santé, les jeux et concours. Tout le monde se sucre sur le dos du Congo, excepté le Congo lui-même.

La prolifération des écoles primaires et secondaires privées est certainement une bonne chose. Cependant, il faut que les normes sanitaires, éducationnelles, culturelles et pédagogiques soient strictement observées : ensoleillement, espace, aération, sanitaire, hygiène, cour de récréation, structure d'accueil des parents, salles de conférences et de cours spacieuses, bien équipées, avec des tableaux de choix aux murs (des artistes congolais existent pour cela), salles de fête, de jeux en cas de pluie, parking, téléphone, etc.

Pour ce qui est des collèges et lycées, techniques, professionnels et généraux, il faut innover du tout au tout : le bois, l'agriculture, l'élevage, la pisciculture doivent être développés avec l'appui financier des partenaires (hôtelleries, commerçants qui vendent des véhicules, restaurateurs, transporteurs aériens, Libanais et autres Grecs tous plus ou moins phéniciens). Les emplois doivent être garantis par ce vaste monde commercial et hôtelier qui versera, bien entendu, les taxes habituelles. Il y aura toujours du bénéficie pour ce riche monde. C'est justice : les riches doivent aider les pauvres et non continuer de s'enrichir sur la peine des pauvres.

Il y a par conséquent une synergie à créer : pouvoir politique, finance, écoliers, élèves, étudiants, partenaires industriels et commerciaux, facilités de la modernité (communication électronique), pour changer assez significativement notre système éducationnel qui est une mauvaise copie de l'enseignement colonial.

Au fond, quel devrait être l'idéal de l'enseignement au Congo? On souhaite que l'élève soit beau et bon, belle et généreuse; honnête au plan intellectuel et moral; aimant le pays, la nation, la patrie, la République avec le plus profond amour; s'ouvrant à l'Afrique, la patrie des patries : une Afrique à imaginer prospère, à vouloir resplendissante dans la Renaissance; cultivant le sentiment d'être partie prenante du monde qui se globalise avec des sciences, des technologies, des méthodologies et des valeurs qui ne vont pas nécessairement, en tout cas pas pour le moment, baisser le taux d'agressivité humaine dans le monde (écologies détruites, guerres, pauvreté, dettes, etc.).

Bien amusantes sont les dissertations de quelques intellectuels congolais sur le tribalisme, l'ethnisme, le messianisme, l'intégrisme, le séparatisme, la scission nationale, la politique politicienne : il y a tant à penser, à imaginer, à concevoir, à créer, à faire, à produire. L'idéal est la beauté.

A la lumière de ce qui précède, on constate qu'il faut, enfin, au Congo, une grande structure culturelle, intellectuelle, pédagogique, scientifique et économique : l'Université du Congo, jalon de l'Université Africaine, dans le cadre de la Renaissance Africaine et de la Globalisation. Voilà le problème à résoudre, pas tant les ridicules prises de position de l'appartenance ou non du Pool à l'État congolais républicain.

Je propose par conséquent la création d'une grande Université congolaise dans l'immense plaine de Kintélé :

. l'eau abonde, le fleuve Congo étant à peine éloigné d'un mètre ; il y a l'île Mbamou et Kinshasa en face, sans écran ;

. la route principale est le Nationale 2 ; de là, plusieurs routes secondaires goudronnées mènent au campus universitaire ;

. l'électricité peut venir du barrage d'Inga (Congo démocratique), du Djoué amélioré, des plateaux où plusieurs mini-barrages sont faisables sur la Lefini, la Mpama, etc.

. le site est extensible à l'infini, jusqu'au delà du 45 km ; les possibilités de construction sont considérables, sur des hauteurs dominant le fleuve Congo. Bâtiments d'enseignement logeant toutes les facultés et tous les instituts de recherche, bâtiments administratifs, dortoirs, restaurants, services postaux, aérodrome, piscines, terrains de jeux (football, tennis, basket-ball, volley-ball, saut, javelot, etc.), services de transport à travers le campus universitaire, jardins, bosquets, ski nautique sur le fleuve, développement de l'île Mbamou (tourisme jusqu'à Manguéngué-Falaises), développement du port fluvial de Yoro si proche, structures de pêcheries, d'agriculture et d'élevage pour l'Université elle-même ; équipements modernes, machines électroniques, groupes électrogènes, laboratoires, bibliothèques, clubs et night-club universitaires, salles de conférences internationales, télécommunication. Les sections industrielles du campus universitaire peuvent fabriquer de petits avions achetables par Lina-Congo pour la couverture aérienne du pays. Le centre hospitalier universitaire prendrait en charge tous les grands problèmes sanitaires du pays. Des laboratoires liés aux sciences agronomiques seraient à développer avec des stations à travers le pays. Une partie du bois du Haut-Congo serait traité à l'Université de Brazzaville, site Kintélé, la capitale Brazzaville est éloignée seulement de 6 km ; les personnels administratifs et enseignants, ainsi que les étudiants qui voudraient toujours habiter Brazzaville n'auraient pas beaucoup de distance à parcourir (bus, véhicules personnels, navettes sur le fleuve de Kintélé à Yoro). De toute façon, Brazzaville s'étendra, dans l'avenir, jusqu'à Kintélé.

Si notre génération politique, intellectuelle, scientifique, acquise à l'amour du pays, à la solidarité nationale, exécute un tel projet, il est hors de doute de laisser encore quelque chose de comparable aux générations futures.

Beau projet qui peut devenir un immense chantier pendant plusieurs années faisant travailler architectes, ingénieurs, ouvriers, maçons, charpentiers, électriciens, peintres, carreleurs, plombiers, chefs d'entreprises, chefs d'équipes. Trois à cinq ans suffisent amplement pour un tel travail, si jamais il est strictement planifié, suivi très méthodiquement, exécuté avec foi et enthousiasme. Enfin, les Congolais en train d'élever dans le ciel la Maison du Savoir sur leur sol national.

L'argent, le financement ? Le Président de la République doit s'investir totalement pour trouver des fonds en Arabie Saoudite, en Europe, aux USA, en Chine, au Japon, etc. La diplomatie doit jouer, énormément, auprès de certaines généreuses fondations américaines. La communauté des Africains Américains voudra ressusciter les Per-ankh de l'Égypte pharaonique, l'Université de Sankoré dans le Tombouctou médiéval, les Temples du Savoir de l'ancien Zimbabwe. Les bienfaiteurs du monde entier qui feront des dons auront en contrepartie leurs noms attribués à des bâtiments, des amphithéâtres, des laboratoires, des terrains de jeu, des lieux de culte, des bibliothèques, des discothèques et filmothèques, des salles de cinéma, des jardins botaniques, des parcs zoologiques, etc.

Et la population enseignante et étudiante ? Les enseignants et les étudiants viendraient du Congo, de l'Afrique entière, du monde entier. Programmes internationaux d'échanges scientifiques seront établis, liés à l'étude des civilisations, de la flore et de la faune tropicale, des maladies, des médecines et pharmacopées traditionnelles, des langues et symboles, des sols, des gisements, de l'énergie solaire. Climatologie, géologie, écologie, démographie, etc., ne seront pas oubliées. Le Congo tout entier va vibrer d'une autre vie.

Quand un grand projet manque à un peuple, il faut s'attendre à l'oisiveté, à la paresse, aux querelles interminables et, bientôt, à des combats sanglants inutiles qui appauvrissent un pays déjà pauvre. Quand un grand projet collectif fait défaut, la solidarité nationale ne s'appuie sur rien de solide, de concret, de palpable. Enfin, quand un grand projet mobilisateur est absent, les énergies sont dépensées en billevesées. Le Congo doit placer maintenant ses billes pour courir la merveilleuse aventure de la Renaissance Africaine. Un billet de faveur ne sera accordé qu'à ceux qui prennent le risque de s'aligner pour courir.

L'avenir appartient à des peuples qui savent tirer des leçons du passé. Les ruminations, les rancœurs, les peurs, les haines et les intégrismes ne sont pas des forces positives, convenables à un peuple qui veut être debout. Le projet de l'Université Congolaise, à bâtir dans les immenses étendues de Kintélé, ne laissera pas un seul cm2 de rage criminelle dans nos cerveaux.

Saisissons maintenant, la chance qu'est ce projet pour le Congo. Travaillons pour son aboutissement. Le Congo est capable de se retrouver pour ce projet d'avenir, tous les 36 du mois.

Je propose par conséquent que le Président de la République inscrive ce projet à l'ordre du jour d'un débat national technique; la Grande Université Congolaise de demain, dans les plaines ondulées de Kintélé. Le débat technique national pourra s'ouvrir par la suite sur une rencontre internationale avec divers partenaires pour faire avancer le projet. Un comité de suivi, sous les auspices du Président de la République, devra se plier à la discipline requise en ce genre de projet. Il faudra le couper en dés préalablement à toutes discussions.

X. - L'ÉLECTRIFICATION DU CONGO, UNE URGENCE

Seules les grandes villes sont éclairées la nuit, dans les quartiers autrefois habités par l'administration coloniale. Sinon, les « quartiers populaires », même dans les grandes villes (Brazzaville, Pointe-Noire, Dolisie, Nkayi, Kinkala, Djambala, Gamboma, Owando, Makoua, Impfondo, Ouesso, etc.), vivent dans une obscurité totale la nuit.

Peu de villages possèdent de grands groupes électrogènes. Lorsqu'ils existent, c'est tout juste pour éclairer les bars du village. La lumière est donnée au village principal du district quand un haut responsable (membre du gouvernement, député, etc.) y séjourne pour quelques jours.

De ce fait, aucune opération chirurgicale n'a lieu la nuit, à moins d'utiliser des torches, bougies et autres lampes-tempêtes, comme au temps colonial. Les élèves étudient sous les éclairages publics, en ville. Ceux nombreux qui vivent dans les villages cessent de lire, d'écrire, d'étudier la nuit tombée vers 5h30 du soir.

L'économie basée sur le froid n'existe pratiquement pas au Congo. Le poisson de mer, transporté dans des glacières depuis Pointe-Noire, arrive décomposé ou presque dans les parties septentrionales du pays. Les boissons sont bues chaudes, très chaudes sous le soleil équatorial, dans tous les villages du Congo, par manque de froid. Rien n'est conservé sainement : médicaments, boissons, nourriture, sous un climat qui est chaud et humide en permanence.

Le pétrole lampant n'est pas disponible à tout moment. Les hommes et les femmes qui habitent dans les villages parcourent d'énormes distances pour se procurer quelques litres de ce pétrole qu'ils vont brûler, le soir, dans leurs cases, pour avoir de la lumière. Compte tenu de sa rareté, ce pétrole lampant coûte très cher, pour les paysans et les paysannes. Le monde rural qui fournit manioc, légumes, poisson, gibier, fruits, etc., dans les grandes villes, vit encore dans une profonde obscurité, la nuit. Les seuls éclairages connus sont ceux du soleil, le jour et de la pleine lune, le soir quand c'est la période.

Dans ces conditions réelles, les psychologies sont encore liées à des cosmogonies fort anciennes. Les réalités sociologiques maintiennent tous leurs vieux dynamismes. Le monde rural garde ainsi intactes ses mœurs, ses coutumes et ses traditions. Les rites font allusion à des villages obscurs des ancêtres. Cependant, les villages des vivants ne sont pas non plus éclairés.

L'électrification de tout le Congo paraît par conséquent comme une urgence nécessaire. Les mentalités, les psychologies, les sociétés, les économies, les activités culturelles, scolaires, etc., y gagneraient beaucoup. Sans exclure la sécurité globale des biens et des personnes. Le vol s'opère mieux dans l'obscurité. Le banditisme évite la lumière. Dans tous les cas, il est difficile de communiquer sans électricité, les avions ne volent pas la nuit par manque de terrains balisés par des lampions reconnaissables, le courrier électronique ne peut avoir lieu.

On a parfois, non sans raison, juxtaposé l'énergie et le progrès (le développement) : énergie humaine, petits lopins cultivés pour des besoins familiaux; énergie animale, labours plus vastes et grande commercialisation des produits agricoles, enfin énergie électrique, extension presque à l'infini des champs, des plantations et commerce à très grande échelle (commerce international) parce que les produits deviennent considérables. On peut aussi les traiter, les conserver, les stocker à des températures voulues et les transporter au loin, sans qu'ils ne soient avariés (riz, maïs, blé, farine; lait liquide ou en poudre etc.).

L'électrification d'un pays est à la base du développement agricole, industriel, commercial, intellectuel, scientifique, technologique etc., d'un tel pays. On ne peut pas se développer sans énergie électrique, de nos jours. Le pétrole est essentiel dans l'économie moderne pour la part décisive qu'il joue en tant que source d'énergie. La science et la technologie permettent aujourd'hui de tirer directement du soleil de l'énergie nécessaire à des besoins domestiques, économiques, etc.

En étudiant et en localisant les gisements solaires les plus intenses, ils seront nombreux, le Congo peut utiliser abondamment l'énergie solaire : c'est une énergie propre, facile à capter, et les panneaux solaires ne coûtent pas excessivement cher. Des ingénieurs congolais ont installé artisanalement des structures d'énergie solaire dans leurs villages. Dans le district de Boundji (Cuvette), le Dr Léonard Sama-Itoua l'a fait pour son village natal d'Odikango. Mais faute de moyens, la structure installée, non entretenue, n'est plus opérationnelle. Du moins, cet exemple, parmi tant d'autres, montre la possibilité de tirer profit de l'énergie solaire congolaise. Alphonse Omboua est ingénieur, spécialiste de l'énergie solaire. Il lui faut des moyens pour vulgariser cette énergie. Ce sont les barrages qu'il faut absolument construire pour l'électrification étendue du Congo. Les barrages sont des ouvrages complexes, coûteux mais solides, efficaces, et l'énergie fournie est transportable à des milliers de kilomètres.

Le barrage du Kouilou, voulu par le Président Fulbert Youlou (1917-1972), président du Congo de 1959 à 1963, devrait être achevé. Pointe-Noire et toute l'industrie environnante seraient alimentées par ce barrage puissant. Si jamais l'usine de pâte à papier utilisant les beaux eucalyptus de la région ponténégrine voyait le jour, elle aura en abondance l'électricité du barrage du Kouilou. Le barrage du Kouilou et l'usine de pâte à papier peuvent résorber, à eux deux, tout le chômage congolais. Le Président Pascal Lissouba avait confié l'achèvement du barrage du Kouilou à des experts et ingénieurs de l'Afrique du Sud. Il faut poursuivre dans cette voie, je pense, pour l'intérêt du pays.

Quant au barrage de Moukoukoulou, construit dans le cadre de la coopération bilatérale sino-congolaise au temps du Président Marien Ngouabi (1938-1977), il peut être utilisé pour transformer les pays du Niari (Bouenza, Lékoumou, et Niari) en véritable berceau agricole du Congo : son électricité ne sera plus transportable jusqu'à Pointe-Noire qui bénéficiera du barrage du Kouilou, plus proche. On gaspille l'électricité du barrage de Moukoukoulou si l'on n'en fait pas une source d'énergie pour le développement.

A cause de la démographie sans cesse galopante de Brazzaville, il faut renforcer l'énergie fournie par le barrage du Djoué (construit au temps du Président Fulbert Youlou, sous le slogan mobilisateur Sa Ngolo « Fais effort ! ») par le barrage d'Inga du Congo démocratique (ex-Zaïre) et par le barrage de la Léfini (construit sous le Président Denis Sassou Nguesso, 1979-1992). C'est déjà le cas. Mais des quartiers immenses de Brazzaville sont toujours sans lumière, sans éclairage public. Il faut augmenter les capacités du Djoué.

Entre Djambala et Lékana, le barrage de la Mpama s'impose absolument, à l'avantage de toute la région, immense, des Plateaux. Des études avaient été faites autrefois par des experts soviétiques (russes). Elles existent. Le Congo doit ramener tout cela à la surface ou faire d'autres études pour procéder à la construction de ce barrage. Djambala, Lékana, Ngo, Gamboma, Abala, Olombo, etc., pourraient ainsi bénéficier de l'énergie de ce barrage. Les tubercules (manioc, igname, pomme de terre), le tabac, le maïs, etc., connaîtraient, dès lors, d'autres traitements et d'autres moyens de conservation.

L'énergie électrique fournie par le barrage d'Etoumbi, dans la Cuvette de l'Ouest, peut être transportée jusqu'à Makoua, Owando, Oyo et Boundji, Kellé et Ewo. Les grandes palmeraies de ces contrées de la Cuvette et de la Cuvette de l'Ouest seraient à la base de nouvelles industries (huile de palme traitée, savonneries, peinture à huile, etc.), exigent de l'électricité pour faire mieux que le simple artisanat.

Dans la Sangha, le barrage de Kandéko fournirait de l'électricité à Ouesso, Souanké, Impfondo, Épéna, Dongou, etc. Le bois et son industrie, le cacao, le café, les pêcheries, etc., bénéficieraient de cette source d'énergie.

Les eaux du Congo sont de l'énergie hydraulique naturelle que le génie humain peut transformer en énergie électrique pour le développement économique, industriel, commercial, etc., de la communauté nationale entière. Des cadres congolais compétents et méritants existent. Des ingénieurs, en quantité. Samba, effacé mais brillant, travailleur, est un Centralien de l'École Centrale des Arts et Manufactures de Paris. La coopération peut valablement aider le Congo pour de tels projets qui sont constructifs, tournés vers l'avenir, pour le développement et non pour la destruction.

Kandéko, Étoumbi, Mpama, Léfini, Djoué, Moukoukoulou, Kouilou etc., le Congo est ultra-équipé en puissances hydrauliques. Il convient de les transformer en énergie de développement : l'énergie électrique. Tout le Congo serait presque éclairé partout, la nuit : les villes, les grands centres, les grands villages, les grandes agglomérations. Des usines peuvent naître. L'industrialisation, de besoin local, peut s'esquisser. La communication serait facilitée avec le reste du monde, car les choses se passent maintenant électroniquement.

Exclus de l'ère industrielle par manque d'électricité, les pays africains se trouvent encore exclus de l'ère électronique pour la même raison. L'ère nucléaire, faut-il en parler seulement ?

Je propose par conséquent que le Président de la République s'attaque résolument à ce dossier de l'électrification urgente du Congo. Ceci suppose la mise en place d'une commission d'experts compétents et qualifiés en la matière, sous l'impulsion technique et non politicienne du Ministère de tutelle (Énergie), avec une minutieuse collection de données techniques et leur vérification, la recherche de partenaires, un calendrier, des méthodologies, des équipes, une discipline d'action.

La Renaissance Africaine et la Globalisation exigent que le Congo hâte certaines choses, par exemple l'équipement du pays en énergie électrique à partir des ressources hydrauliques abondantes, des cours d'eau nombreux (les pays du Sahel, de la Somalie à la Mauritanie, envieraient avec raison le Congo).

Habitants du Congo, construisons !

XI. - LA DIPLOMATIE CONGOLAISE À REDYNAMISER

La diplomatie congolaise est très terne aujourd'hui, presque moribonde, absente de la scène panafricaine. Elle est devenue simplement ombre d'elle-même. Voici les causes parmi tant d'autres, de cette situation lugubre.

a) les cadres du Ministère, techniciens, professionnels, possédant des connaissances et de l'expérience, ne sont pas utilisés à bon escient ; les ambassades sont peuplées de

« parents », de cas sociaux, des gens à tenir loin du Congo, de clients, etc., souvent sans aucune compétence professionnelle, aucune expérience sur le tas comme on dit : le Ministère manque alors d'informations sérieuses au plan international à part les nouvelles à la radio et à la télé ou dans les journaux. Du coup, les conférences internationales ne sont pas préparées avec de la documentation appropriée. On devine, on reproduit les clichés, on se satisfait de généralités, voire de banalités ;

b) les ambassades et missions congolaises à l'étranger n'ont pas d'équipements adéquats (ordinateurs et autres machines électroniques), traînent de vieilles dettes d'eau, d'électricité, de loyer et de téléphone ; ce qui, bien souvent, paralyse l'action des fonctionnaires qui y travaillent. Les véhicules protocolaires et de liaison manquent cruellement ;

c) les fonctionnaires, cadres et autres qui travaillent dans les ambassades et consulats congolais n'ont pas l'idée nette qu'ils servent le Congo et tous ses habitants, à égalité. Ainsi, les opposants, les adversaires politiques, les ennemis, les vaincus, les non-ethniques, etc., ne sont pas considérés comme des Congolais et Congolaises à part entière. Ce sont des comportements de barbares et non de gens civilisés. A Paris, le Président Sassou Nguesso a lutté contre ces tendances d'illettrés, de gens inciviques, peu patriotes et arriérés. Les ambassades sont des structures qui appartiennent au Congo et non à un parti politique, même au pouvoir. L'ambassadeur qui reçoit officiellement un chef d'opposition politique congolais à déjeuner ou à dîner accomplit parfaitement ses obligations protocolaires ; ce n'est pas un traître. Nos mentalités sont encore bien frustres en dépit de tous les propos convenus sur l'unité nationale et la paix sociale ;

d) les ambassades et missions congolaises ne communiquent que très peu entre elles et ne coopèrent presque pas entre elles ; chaque ambassade travaille en vase clos. C'est le cas typique des ambassades et missions du Congo en Europe, installées à Paris, Bruxelles, Rome, Berlin, Genève (Bureau International du Travail), etc. D'où le fait que le Ministère des Affaires Étrangères et de la Coopération, malgré sa bonne volonté, soit obligé de nager sans trop suivre. Les fameuses zones européenne, asiatique, américaine, africaine, etc., ne doivent pas être considérées comme des vases non communicants. Jadis, l'ambassadeur Basile Ikouébé, cadre fort compétent et objectif, avait conçu des cycles de conférences, faites par des fonctionnaires du Ministère, justement pour palier à ces enclos géographiques qui ne signifient plus grand'chose à l'heure de la globalisation. Un dynamisme manque ; c'est certain.

Quel doit donc être le rôle premier des ambassades congolaises qui coûtent évidemment cher ?

L'espionnage international me paraît exclu, parce que c'est un travail difficile qui requiert beaucoup de la part de l'espion. Peut-être les missions militaires congolaises à l'étranger peuvent se risquer à ce travail très spécialisé. On emploie aujourd'hui des réseaux électroniques. C'est ainsi qu'aucune information importante, dans le monde, n'échappe aux USA, ce pays étant le réseau des réseaux, les contrôlant tous, avec une efficacité difficile à imaginer. Le ciel est utilisé dans l'espionnage des affaires terrestres. Cependant, les ambassades et missions congolaises, tout en travaillant classiquement, peuvent fournir des informations, des analyses etc., au pays, pour leur exploitation éventuelle. L'information est aujourd'hui la première donnée dans la gestion des affaires nationales et internationales. Cette information doit être quotidienne, de jour comme de nuit. Le Président de la République doit être informé de tout. Il ne s'agit pas d'intoxication. Il est évident que le Président a ses propres réseaux d'information, ses pairs (les autres Présidents), ses amis, ses agents inconnus, ses services parallèles, etc., le tiennent informé, si nécessité et urgence il y a.

Pesant peu, tout seul, sur le cours des affaires mondiales, n'étant pas une puissance nucléaire, ne développant aucune science particulière, aucune technologie notable, le Congo a cependant beaucoup de pétrole. C'est surtout en cela qu'il intéresse les affaires internationales, le commerce mondial. Le Congo doit par conséquent suivre de très près, au jour le jour, les problèmes mondiaux liés au pétrole (exploitation, commercialisation, etc.). Les ambassades doivent être équipées techniquement et intellectuellement pour cela, en relation avec le Ministère chargé des hydrocarbures. Il faut de la cohésion et que l'informatique ne soit pas ignorée. Il faut faire travailler les ambassades dans ce sens. Le Congo y gagne. Les habitudes, les traditionnelles façons de faire, les cloisons inutiles et les scléroses doivent être transcendées pour mieux servir le pays, tous ensemble, en respectant les tutelles, les hiérarchies et les compétences. Les ambassades congolaises ne sont pas des lieux de propagande excessive d'un parti politique, même au pouvoir. Il faut respecter l'unité nationale, l'esprit républicain, l'État de droit, la justice sociale, l'égalité et la fraternité de tous les Congolais et Congolaises. Or, des ambassades ont été transformées en sièges des partis politiques intolérants, fanatiques, obtus et intransigeants. Si les autorités en donnent l'autorisation, les ambassades peuvent être utilisées temporairement pour des réunions spécifiques, mais jamais en tant que sièges permanents de partis politiques. Soyons républicains et civilisés, courtois, respectueux des règles internationales et du pays lui-même. Soyons respectueux du Congo dans sa diversité régionale, ethnique et politique.

C'est aussi à tort que certains croient inutile d'aller à l'ambassade ou au consulat pour un papier, un certificat, un document, etc. Ils jugent à l'avance, par pure préconception, que leur cause ne sera pas entendue, l'ambassadeur et les fonctionnaires qui y travaillent n'étant pas de leur tribu ou région. C'est une erreur grossière qui maintient un esprit de division et de haine. Quand le Président de la République ou un membre du gouvernement reçoit dans une ambassade congolaise, il reçoit tous les Congolais et les Congolaises, sans parti pris, au nom du Congo, de l'unité nationale, de État de droit, de la République. L'État de droit, tant réclamé, n'est pas qu'à Brazzaville. Il est aussi à Paris, dans toute l'enceinte de l'ambassade du Congo. Changeons nos mentalités, d'abord, au lieu de disserter fort maladroitement sur « les vues identitaires réductionnistes » des autres, sur l'ethnicisme ahurissant du discours messianique, sur les démons de la division ethnique, sur l'obscurantisme séculaire de telle ou telle tribu.

Ces choses simples font partie de la discipline républicaine. Les ambassades et missions congolaises sont des lieux qui abritent la République et l'État, propriétés de tous les citoyens et toutes les citoyennes.

Aux ambassades et missions congolaises à l'étranger, il ne reste, en priorité, que la diplomatie et la coopération. Les structures de Bruxelles (Union Européenne), de New-York (Organisation des Nations-Unies), du Caire (monde arabe), de Beijing (monde asiatique dans son ensemble), de l'Afrique australe (Pretoria, capitale administrative ; Cape Town, capitale législative ; Bloemfontein étant entre les deux villes capitales), de Washington (USA, première puissance du monde), méritent d'être traitées avec un soin particulier. Bien d'autres ambassades et missions congolaises, bien sûr.

Les dossiers doivent être préparés avec grand soin. Des compétences doivent les présenter et les défendre au nom de l'intérêt général du pays, selon les instructions du Gouvernement de la République. Les experts, on leur fait confiance tant qu'ils n'ont pas démérité. L'habitude joue beaucoup dans les négociations, la présentation claire et convaincante des dossiers, des problèmes. La classe diplomatique congolaise existe. Elle a fait ses preuves en mille occasions. Il faut travailler avec ces hommes et ces femmes du Congo, experts en relations internationales. Un exemple pour concrétiser les idées. Le Congo et les USA avaient rompu leurs relations diplomatiques pendant au moins dix ans. Ayant acquis le jugement du Président de la République et ayant discuté avec les plus hauts responsables de la Sécurité d'État, j'avais passé outre les étroitesses de vue du Parti unique pour rétablir les relations diplomatiques entre le Congo et les USA, avec le concours technique et avisé des experts comme les ambassadeurs Nicolas Mondjo et Basile Ikouébé. Qui le regrette aujourd'hui ?

Ce qui compte, c'est l'intérêt du pays, l'intérêt général, l'intérêt de la nation. Les commis de l'État ont l'obligation morale et politique de ne jamais trahir les intérêts de leur pays. La peur exagérée ne favorise pas l'accomplissement du devoir.

Si les ambassades et missions congolaises donnent l'impression de végéter, c'est qu'elles manquent l'essentiel : un corpus d'idées directrices, une philosophie qui puisse orienter. Les idées tiers-mondistes et de non-alignement ne sont plus valables aujourd'hui. L'Union soviétique s'est éclatée en mille républiques indépendantes. Elle aura duré exactement 69 ans, de décembre 1922 à décembre 1991. Quant au mur de Berlin, il a vécu pendant 28 ans, de 1961 à 1989. Les rideaux, les murs, les frontières idéologiques rigides, les psychologies non moins raides, relevant du dogmatisme le plus angélique, tout cela est tombé et est devenu simples sédiments de l'histoire contemporaine. La nostalgie peut être compréhensible, mais le monde est aujourd'hui ce qu'il est.

En conséquence, le Congo doit agrandir davantage l'éventail de sa coopération internationale bilatérale, notamment avec le monde asiatique : l'Inde, le Pakistan, la Chine, la Corée (du nord et du sud), le Japon, etc. Les immensités populeuses de l'Asie vont peser sérieusement dans la fabrication du futur de l'humanité.

L'Europe est une vieille partenaire, connue et estimée, qui doit annuler toutes les dettes vis-à-vis du continent africain. L'Europe est responsable du retard socio-économique de l'Afrique : traite négrière pendant près de quatre siècles, destruction des infrastructures, des structures et superstructures mentales, psychologiques, culturelles (aliénation, dépersonnalisation, assimilation, etc.), colonisation, exploitation coloniale des matières premières pour bâtir la richesse de l'Europe, participation des Africains coloniaux à des guerres européennes à caractère mondial, commerce injuste avec l'Afrique (zones d'influence, inflations et crises économico-financières, etc.). L'Europe doit réparer au nom du droit international et des droits de l'Homme. Ce fut pire que l'Holocauste, c'est-à-dire le massacre des Juifs Européens, en masse, par les Nazis.

Il faut craindre que la Globalisation ou Mondialisation ne maintienne et ne renforce ces injustices euro-américaines dans le monde : le pauvre devenant de plus en plus pauvre, et le riche de plus en plus riche en exploitant sans scrupule des populations déjà trop démunies.

On saisit dès lors toute l'importance et toute l'urgence de l'Unité Africaine, de la Renaissance Africaine. Il faut bâtir collectivement, solidairement l'Afrique, sinon ce sera le chaos pour tous les Africains, sans grande exception.

Je propose par conséquent que le Président de la République insuffle un dynamisme nouveau à un Ministère stratégique qui donne l'impression de ne plus retrouver ses coordonnées de cuisine.

Le Congo, meurtri, peut cependant retrouver sa saine curiosité des affaires du monde, son dynamisme diplomatique, sa foi africaine, son espoir en l'humanité. Ces avenues et perspectives sont possibles, à condition d'abandonner la superficialité et l'autosatisfaction dans la médiocrité. Poussons le Congo vers la lumière du monde et non dans les crevasses des haines politiques et ethniques.

La reconstruction, c'est d'abord celle de ce que nous avons perdu le plus : la force d'âme lorsque le malheur prend les tournures d'un tremblement de terre. Certains cèdent à la division, d'autres à l'injure. Le Congo est coupé en deux : les anges et les démons, les bons et les mauvais, les génocidaires et ceux qui bombardent, tout autant, mais juste pour passer la panosse sur le plancher. Il est insensé d'être fier comme un paon lorsque son propre pays est détruit par soi-même. Les Congolais sont tous des Congolais qu'ils le comprennent ou pas.

XII. - LE SENS DE CE QUE J'ÉCRIS

Tous mes écrits, sans aucune exception, ont un caractère éducatif à trois niveaux différents :

I - Au niveau Congolais

Le premier ouvrage, écrit par un Congolais, et présentant toutes les tribus congolaises en tant qu'entités ethnographiques ou anthropologiques, est le mien qui porte ce titre : *Introduction la connaissance du peuple de la République populaire du Congo,* Brazzaville, 1973. Cet ouvrage, longtemps épuisé, fut imprimé en Union Soviétique d'alors.

Combien de tribus au juste ? Près d'une cinquantaine : 52 exactement, même si les Mikengués sont inclus dans les Beembe, ce qu'ils sont au demeurant.

Quelle orientation théorique ? Montrer que ces diverses ethnies et tribus congolaises sont des lambeaux épars de l'univers bantou, linguistiquement et culturellement s'entend. Aucune tribu n'est hissée au-dessus d'une autre. J'ignore la pertinence anthropologique de la tribu-classe. Je doute même qu'il y ait quelque validité scientifique à cette façon de lire la réalité sociologique du pays.

Quel écho dans le public ? Le livre fut épuisé en moins de deux mois. On faisait la queue pour se l'acquérir à la Librairie Populaire du Plateau. Des remarques, des observations, des corrections ont été faites par des enseignants non pas de Brazzaville mais travaillant dans des régions les plus reculées. La géographe Hélène Bouboutou, universitaire, spécialiste de géomorphologie et de géographie humaine, m'avait gracieusement dressé les cartes inclues dans ce livre.

Je voulais donner aux Congolais et aux Congolaises une vision de leur unité radicale, au plan culturel et linguistique. Je voulais leur donner le sentiment de leur conscience culturelle et nationale. Je voulais le rapprochement des ethnies, des tribus, des régions, au plan décisif de la conscience, de la psychologie, de la culture.

Mais comme ce livre ne prônait pas de fantasmes marxisants, il fut sans doute lu, cependant peu commenté, à l'exception de Sylvain Bemba, le plus élégant, intellectuellement, de notre génération. Le professeur Lévy Makany, savant botaniste, alors recteur de l'Université, m'autorisa à créer un laboratoire d'Anthropologie au sein de l'Université, à la Faculté des Lettres et Sciences Humaines, au Département d'Histoire. Le Premier Ministre Henri Lopes, sollicité, m'accorda une somme de 700.000 F CFA que je remis à M. Awé, alors comptable au rectorat. Les moulages et autres objets du Laboratoire d'Anthropologie furent commandés à Paris, au Musée de l'Homme où mon ami, le professeur Yves Coppens, était sous-directeur (il a été promu en décembre 1983 au Collège de France où il dirige la Chaire de Paléoanthropologie et Préhistoire). Des mémoires de licence, de maîtrise et des doctorats ont été initiés dans ce Laboratoire créé par nous (les travaux de préhistoire du professeur Raymond Lanfranchi, etc.).

L'intention première, toujours valable, était de faire des travaux sociologiques, anthropologiques, linguistiques et historiques sérieux, par les étudiants avancés et les enseignants, les encadreurs pédagogiques. Il nous faut connaître de façon approfondie la réalité humaine congolaise, de toutes les régions, de toutes les ethnies, de toutes les tribus. La connaissance abolit l'ignorance. « La connaissance est pouvoir », répétait Malcom X.

J'avais par la suite confié le Laboratoire à des collègues sous la direction du doyen Abraham Ndinga Mbo, docteur d'État ès-lettres et sciences humaines : les collections, les mémoires, les études et les analyses devaient aboutir à la confection de manuels scolaires d'histoire du Congo, des origines à nos jours. Une revue fut créée à cet effet, financée par la France.

Mes deux ouvrages sur les Mbochi (*La Cuvette congolaise*, Paris, 1976, et *Littérature traditionnelle*, Paris, 1984, avec le concours de l'ACCT), sont le résultat des missions sur le terrain entreprises avec le concours du Professeur Elenga Ngaporo, économiste, universitaire, ancien préfet des Plateaux, ancien directeur de cabinet du Président de la République, etc. Il n'y a pas d'autres ouvrages publiés sur les Mbochi que ceux-là, sur leur histoire et les genres de leur littérature orale. Le but visé, nettement explicité, était de faire la même chose pour toutes les régions du pays, par des professionnels avertis ; procéder à la collection des traditions orales de toutes les ethnies, les dépouiller, les analyser, les exploiter à des fins de pédagogie, tant au niveau de l'école maternelle qu'à celui de l'université. Je n'ai pas été suivi. On préfère bavarder comme des pies. On disserte sur le tribalisme sans aucun texte recueilli dans les villages, auprès des sages et des connaisseurs « traditionnels ». Les colloques littéraires se répètent les uns les autres. On manque visiblement d'ambition plus grande. J'ai fait des enquêtes à Diosso, il y a plus de vingt ans : les enregistrements bien faits par des experts, mes notes, les photos etc., tout avait été remis par moi au Professeur Jean-Baptiste Tati Loutard. J'avais, bien sûr, tenu au courant le Professeur Jean-Pierre Thystère Tchicaya, excellent collègue dans notre Département d'Histoire qui est également originaire de cette glorieuse contrée.

Des équipes organisées, avec mon appui formel et mes encouragements, furent envoyées partout dans le pays ; dans la Likouala, la Cuvette de l'Ouest, la Sangha, le Pool, la vallée du Niari, la région du Kouilou. Les Professeurs Dominique Ngoïe Ngalla, Jean-Michel Delobeau, Jacques Essakomba, Damien Boussoukou Mboumba, Raymond Bafouétéla, Eugène Ognami, Scholastique Dianzinga, Jérôme Ollandet, Auguste René Gambou, Antoine-Marie Aïssi, etc., ont accompli ces missions. Personne n'a jamais travaillé en vase clos. Ces jeunes savants congolais, avec leurs étudiants, devaient couvrir, petit à petit, tout le pays. C'était le programme de notre Laboratoire d'Anthropologie. Il y avait de l'enthousiasme, de la réflexion, aussi. L'éditorial du N° 1 des *Cahiers Congolais d'Anthropologie et d'Histoire* par le Pr. M. Dufeil peut en témoigner.

Le Président Marien Ngouabi fut un jeune congolais ouvert, sincère, et fort courtois. Il aimait ce qu'il entreprenait au nom sans doute d'un grand idéal humain. Mon livre, *La vie de Marien Ngouabi*, Paris, 1977 (épuisé), n'est pas du tout hagiographique comme des illettrés le prétendent. C'est un livre-souvenir. La sympathie me paraît dans ce cas aller de soi. Mais des esprits obscurantistes à souhait, tribalistes à la mesure de leur grande intelligence, veulent toujours tout salir. La mort n'épargne personne. Je ne cache pas avoir toujours eu une immense cordialité et une grande fraternité pour Marien Ngouabi. L'homme était franc, amical, d'un dévouement évident. Peut-être quelque peu naïf, au plan de la camaraderie politique. Mais le Parti Congolais du Travail (PCT), c'était lui : il pardonnait tout, sans doute trop, à son parti. Mais mon livre invite la mémoire collective nationale à retenir l'essentiel : la foi ardente du Camarade-Président Marien Ngouabi pour son peuple, son espoir en la capacité humaine de toujours créer en vue du bonheur collectif.

Je n'aurais pas écrit une note de présentation aux *Discours et Écrits politiques* de Jacques Opangault (Paris, 1987), si le Président Bongo du Gabon ne me l'avait pas demandé, à plusieurs reprises. La raison de mon attitude est simple. Le Président Jacques Opangault : j'ai des gouttes de sang de son père Lebandzi du côté maternel. Comme les Ognami et tous les autres neveux et nièces, petits-neveux et petites nièces. Ce n'est pas une parenté vague chez les Mbochi. Au demeurant, Opangault nous a éduqués et élevés dans la discipline, le respect strict du bien d'autrui, l'honnêteté, l'honneur, le travail, le mérite personnel (jamais il n'est intervenu pour régler une situation en ce qui concernait ses propres enfants, ses nombreux neveux et nièces). Il avait beaucoup d'affection pour moi. J'étais très proche de lui. Comme Maurice Ognami d'ailleurs. Opangault se rendait au lycée Savorgnan de Brazza, personnellement, pour prendre mon livret scolaire avec notes. Même quand on avait des notes d'excellence, il trouvait que ce n'était pas encore ça. Je me souviens, il disait que : « Le bon élève est celui qui est hors-série et non premier de classe, il est inclassable ».

Notre cadre quotidien de vie chez Opangault était marqué par la recherche constante de l'excellence, de la perfection, de la réussite par le seul mérite (donc par le travail). Une telle exigence nous a façonnés, corps et âme.

La carrière politique de Jacques Opangault reste, à mon avis, un exemple toujours vivant de dévouement à la nation, à la République, à l'État, pour le bien de toute la communauté congolaise. Le code actuel de citoyenneté fut rédigé par les experts du Ministère alors occupé par le leader socialiste et préfacé par lui. Il n'y a pas d'autres codes de nationalité et de citoyenneté congolaise que celui de Jacques Opangault.

Si les enfants : fils, filles, neveux et nièces de Jacques Opangault sont toujours liés aux familles Kikoungha Ngot et Bazinga, ils le doivent à Jacques Opangault lui-même. Nous considérons Simon-Pierre Kikoungha Ngot et Apollinaire Bazinga comme nos propres parents biologiques de sang. L'amour, l'émotion, l'amitié, ne sont pas des vertus anti-politiques.

Dans *L'histoire sanglante du Congo-Brazzaville* (1959-1997), Paris, 1998, ouvrage épuisé, j'avais tenté de faire un diagnostic historique de la mentalité politique congolaise; toutes ces violences verbales, ces crimes de sang, ces assassinats des cadres, ces paranoïas sanguinaires collectives, ces bêtises humaines constantes, ces deuils et ces morts, pourquoi au juste ? Pour la conquête du pouvoir d'État ? Pour bâtir un État de droit ? Pour le développement du Congo ?

Quel est le rapport de la politique à l'ensemble du pays ? Pourquoi les partis politiques, tous, sans exception aucune, se hissent-ils toujours au-dessus du Congo, de la nation, du peuple, de l'État, de la République ? Pourquoi ?

Au nom de quelles valeurs politiques ce refus permanent des hommes et femmes politiques du pays de dialoguer, de tenir conversation, discuter, palabrer, s'accorder sur un certain nombre d'idées communes, respecter le bien collectif ?

Quand les Congolais se battent, ils ont l'art exceptionnel de tout mélanger : militaires professionnels, jeunes formés dans des milices, mercenaires africains, européens, latino-américains, mercenaires asiatiques, hélicoptères de combat, avions de chasse (MIG, etc.), orgues de Staline. Et la guerre va partout : destructions des écoles, des hôpitaux, des établissements administratifs, du palais présidentiel, des chemins (de fer et autres), des ponts, etc. Tout le pays est assassiné : Owando, capitale de la Cuvette, est bombardée par les originaires de la Cuvette eux-mêmes; les villages sont systématiquement rasés, cases, arbres fruitiers, bébés, du Djoué à Mayama; les villes de Nkayi, de Mouyoundzi, de Sibiti et de Dolisie sont « nettoyées », c'est-à-dire complètement arrosées par des obus tirés par des mercenaires. Pourquoi ? Pour le pouvoir.

Les dégâts psychologiques sont incommensurables : pertes d'êtres chers (maris, épouses, enfants, parents), vie animale dans la brousse et la forêt (sans eau, sans nourriture, sans vêtements, etc.), éclatement des liens patriotiques, républicains. Le désespoir devient le compagnon de tous les jours. Pourquoi ? Pour le pouvoir.

Conditions socio-économiques des plus déplorables : maladies (anciennes et nouvelles) dévastent les populations, pauvreté accrue, misères. La misère comme habit de fête pour vêtir des corps chétifs et loqueteux. Pourquoi ? Pour le pouvoir.

Le Congo presque colonisé par des mercenaires arrogants, bien traités et bien payés. Pourquoi ? Pour le pouvoir.

Pourtant, le Congo a des atouts considérables : pétrole, bois, mines (fer, or, diamant, sylvinite, etc.) ; des hommes et des femmes courageux ; une jeunesse dynamique, prête à se sacrifier pour les causes justes ; des cadres nombreux et compétents (civils, militaires, intellectuels etc.). Le pouvoir peut donc faire autrement : créer des positivités, construire, défendre la paix, la solidarité nationale, promouvoir la justice sociale, établir le règne de la loi républicaine.

II - Au niveau africain

Il y a des évidences qui ont pour ainsi dire leur logique en elles-mêmes. Par exemple : tous les peuples de la terre ont une histoire propre qui peut parfois remonter très loin dans le temps, ainsi la Chine peut reculer jusqu'à vers 2700 ans avant notre ère, le Japon vers 660 avant notre ère, l'Inde dans la vallée de l'Indus vers 2500 à 1500 avant notre ère ; le grec ancien a duré du milieu du VIIIe siècle avant notre ère à la fin du IIIe siècle de notre ère. Les Noirs Africains croient que leur propre passé historique et culturel ne va pas au-delà de l'ère coloniale.

Aucun peuple vivant, conscient de lui-même, ne se complaît dans la mémoire d'un autre peuple, la prenant pour la sienne propre. Les Noirs Africains francophones croient que l'histoire de la France par exemple est la leur propre et ils ont bien appris la leçon : « Nos ancêtres les Gaulois ».

Aucun peuple ne demande l'autorisation ou la permission à un autre peuple pour connaître son histoire. Les Noirs Africains croient nécessaire la tutelle culturelle et intellectuelle. Ils doutent constamment d'eux-mêmes, de leur mémoire historique, et sont incapables de trancher une question historiographique par eux-mêmes.

Aucun peuple n'appartient à l'histoire de l'humanité par procuration. Tous les peuples de la terre font partie, à égalité, de l'histoire de l'humanité. Il n'y a pas de peuples primitifs à la mentalité prélogique. Les Noirs Africains se croient exclus de l'histoire de l'humanité, et qu'ils n'ont rien apporté de valable à l'histoire globale de l'humanité.

C'est Cheikh Anta Diop qui, le premier, a rendu ces évidences claires pour les Noirs Africains, encore que beaucoup d'intellectuels africains demeurent dans le doute par pure incompétence. Les Noirs Africains ont une histoire qui remonte loin dans le passé. Ils ont une mémoire culturelle et historique propre. Ils peuvent par conséquent connaître par eux-mêmes leur passé et imaginer leur futur sans autorisation préalable de l'Autre ou d'Autrui. C'est la problématique historiographique du continuum historique des peuples africains. C'est le socle même de l'Unité Africaine, de la Renaissance.

Le problème n'est donc pas l'Égypte pharaonique en soi, elle-même pour elle-même. On ne peut pas non plus la cacher par complaisance, pour plaire à l'Autre ou à Autrui. C'est la vérité historique qui compte, et elle seule.

Mon travail a commencé par ces questions difficiles d'historiographie africaine à la suite du professeur Cheikh Anta Diop : *L'Afrique dans l'Antiquité* (Paris 1973), ouvrage longtemps épuisé.

Depuis, des textes philosophiques ont été rassemblés, recopiés dans leur langue d'origine, translitérés, et traduits, avec de brefs commentaires : *La philosophie africaine de la période pharaonique* (Paris 1990). Ce sont des textes de philosophie qui posent des questions essentielles, radicales, ultimes, sur la genèse du monde sensible, la perception de la diversité de l'étant, l'unité du réel, la transcendance du principe éthique (mâat), la conception du beau en tant que perfection, achèvement qui est encore à se dire comme s'il était inachevé. Le statut social de la femme, sa sexualité et sa sacralité. D'où vient le mal dans le monde ? La scientificité des choses, des objets de la nature, et la toute-puissance du Nombre. La bonne gouvernance est le motif fondamental du questionnement philosophique pharaonique, et le destin de l'être humain, sa liberté de choix et d'action. Non seulement la philosophie est ancienne sur le continent africain, mais encore elle est écrite et fort lisible à travers l'écriture hiéroglyphique. Il suffit de vaincre la difficulté graphique pour lire, directement, comme s'il s'agissait de Platon ou d'Aristote dans le texte grec qui parle philosophie en grec, pour les Grecs et, depuis, pour toute l'Europe et annexes.

Dans mon livre *Sur la Géométrie Égyptienne* (Paris, 1995), c'est toujours le même but pédagogique : presque tous les problèmes égyptiens de géométrie plane sont exposés, transcrits, traduits, expliqués et commentés. On peut, à partir d'un tel effort, depuis les travaux de Cheikh Anta Diop lui-même, enseigner la géométrie égyptienne à l'école africaine.

Le problème de l'identité culturelle entre l'Égypte et le reste de l'Afrique noire est résolu puisque la langue égyptienne, en ses états anciens, neufs et modernes (copte), est génétiquement apparentée à toutes les autres langues négro-africaines. L'ancien égyptien n'est pas une langue historique de l'Afro-asiatique ou du Chamito-sémitique. Mon ouvrage *Origine commune de l'égyptien ancien, du copte et des autres langues négro-africaines modernes* (Paris, 1993) est une contribution significative aux questions, guère banales, de la linguistique africaine générale. J'ai discuté avec des savants américains, français, autrichiens, hébreux, etc., sur ces questions fort complexes au cours des débats publics contradictoires, entre spécialistes. La position défendue par les Africains est toujours sortie victorieuse des débats, depuis le colloque international du Caire, en 1974.

La contribution du Congo, à travers mes travaux, à ces questions techniques et difficiles, est appréciée dans le monde. Il ne s'agit pas ici de simples jongleries stylistiques, mais de vrais débats parmi des spécialistes en grec ancien, en latin, en hébreu, en arabe, en akkadien, en égyptien ancien, en berbère, en ge'ez, en amharique, etc. Un éminent professeur de l'Université de Los Angeles (USA) le reconnaît explicitement, désormais : dire que sa position initiale était fort éloignée de la mienne. L'objectivité scientifique a triomphé. C'est l'essentiel.

III - Au niveau mondial (global)

Dans mon ouvrage, *Pour une nouvelle histoire* (Paris, 1980), je défends, avant la lettre, l'ouverture des cultures mondiales les unes sur les autres pour faire franchir à l'humanité une étape décisive de sa conscience. Le multiculturalisme est un terme moribond qui croit à des minorités parmi les peuples du monde. C'est un racisme culturel. Le multiculturalisme est une mauvaise philosophie en ce sens qu'il ne remet nullement en cause les présupposés historiographiques hégéliens. J'avais proposé le terme global et équitable de héritages intellectuels de l'humanité.

Les héritages japonais, chinois, indiens, iraniens, pakistanais, arabes, juifs, africains (depuis l'Égypte pharaonique nègre), européens, olmec, maya, aztec, australiens, océaniens, polynésiens, tibétains, sibériens, etc., sont tous des héritages intellectuels, culturels de l'humanité, usant de symboles, langages rituels et sémiologies différents, mais tous dignes de l'humanité.

La conscience humaine ne doit plus croire à des trucs ethnologiques et ethnographiques du genre « pensée sauvage », « mentalité primitive », « monde non civilisé », etc., quand le discours est à la globalisation des économies, des services, des produits, des sciences et technologies. Ce qui veut dire aussi qu'une globalisation sans dimension culturelle n'a pas plus de valeur qu'un ballon crevé.

Notre projet éducatif de l'héritage intellectuel de l'humanité réhabilite précisément les équilibres rompus, les rapports culturels oubliés dans l'histoire de l'humanité. Outre la dignité, le respect mutuel, la conceptualisation des différences culturelles et ethniques comme richesse humaine, les héritages intellectuels de l'humanité, connus, étudiés, appréciés, partagés, apporteront à l'humanité entière une concorde et une paix perpétuelle (E. Kant), la communauté humaine universelle étant devenue réalité sans frontières.

Tel est donc le sens de mon travail intellectuel : éduquer, éclairer, expliquer, défendre ce qui est juste, rejeter les arrières-mondes, porter tout à la lumière. La haine, la division, l'injure pour l'injure, les vues ethniques étriquées, les illusions gratuitement entretenues, voilà ce qu'il faut régler dans un combat décisif afin qu'on utilise nos intelligences et nos émotions à bien d'autres choses plus grandioses et fascinantes, plus belles.

Au bout de l'effort consenti, il est donné, clairement, de constater que la connaissance de sa propre tribu, la connaissance de toutes les ethnies congolaises, leur égalité de fait et de droit, fortifient le lien avec la nation, la Patrie, l'État, la République. On ne peut pas vouloir un État de droit dans l'ignorance des uns et des autres, dans les intégrismes chauvinistiques. On ne peut pas vouloir une vie politique démocratique dans le non-État.

Mais le Congo lui-même, pays de l'Afrique centrale, est un maillon de l'Unité africaine, de la Renaissance Africaine : il faut rendre ce pays actif dans ces nouvelles ambitions panafricaines. Le Congo doit être un maillon sûr de la construction unitaire et communautaire de l'Afrique.

L'Afrique elle-même n'est pas isolée du monde. La vigilance critique, l'effort positif, l'ambition à vivre et à partager, est que l'Afrique, unie et forte, ne fasse pas les frais de la globalisation.

Demain, les sciences et les technologies, les valeurs de civilisation, peuvent ouvrir encore d'autres aventures, planétaires et cosmiques, à la curiosité humaine.

Ces pistes commandent de part en part tous mes écrits. Ceux-ci défendent les valeurs tribales, les valeurs nationales et républicaines, les valeurs africaines, les valeurs humaines ; ces valeurs se rejoignent dans celles de dignité, d'honneur, de responsabilité, de conscience, d'égalité, de fraternité, de démocratie, de liberté et d'humanisme rénové, de plénitude culturelle humaine. Le grand défi que le Congo doit affronter aujourd'hui et gagner est celui, pour ce pays, de pouvoir s'arracher de l'étroitesse de ses ambitions politiques et humaines.

CONCLUSION

Grands travaux pour le Congo

Le Congo, tel que nous le désirons, tel que nous le voudrions, tel qu'il devrait être grâce aux choix et au travail des uns et des autres : un pays grand qui a su surmonter ses épreuves et construire, riche de toutes ses différences régionales et ethniques unies dans la République ; un pays de stabilité politique où les élites savent désormais discuter et lutter pour le pouvoir démocratique, c'est-à-dire selon certaines règles communes acceptées et respectées ; un pays où l'autodiscipline interdit de hisser les 300 partis politiques claniques et familiaux au-dessus de la nation, de l'État, de la Patrie et de la République ; un pays de paix et d'hospitalité, actif dans le projet de l'Union Africaine et de la Renaissance Africaine ; un pays ouvert au monde contemporain, tirant le meilleur des accomplissements scientifiques et technologiques de l'humanité. Une génération d'hommes et de femmes politiques qui ne lègue que cendres et larmes aux générations futures aura tout simplement échoué. L'histoire ne séparera pas les bons d'avec les mauvais dans son jugement. C'est donc ensemble qu'il faut aller au-delà de la destruction criminelle, pour construire également ensemble, au nom de certaines valeurs fondamentales vers lesquelles l'humanité a toujours aspiré.

Notre intention est par conséquent claire, inutile de nous en prêter d'autres, par procès de ce que je n'ai pas dit ou même imaginé.

Devant la situation congolaise actuelle, les propositions suivantes me paraissent impérieuses à mettre en œuvre pour sortir de la stagnation :

1) la chair du Congo est le berceau de l'unité nationale : axes fluviaux, ferroviaires, terrestres et aériens unissent régions et ethnies,

contrées, particularismes et différences dans la communauté de destin ; la conscience nationale a sa source dans la connaissance du Congo vivant, dans la vraie physionomie du pays ; respectons donc ce qui n'appartient à aucune formation politique, mais à tout le Congo ;

2) le sentiment national doit être perçu comme étant au-dessus des sentiments et solidarités primaires engendrés par la tribu, l'ethnie, le clan : on ne peut pas construire sérieusement un pays, une nation, un État, une République, sans conscience nationale collective, sans sentiment patriotique, sans idées républicaines. Les chemins de fer, les ponts, les édifices publics (écoles, hôpitaux, locaux administratifs, etc.) sont saccagés lors des guerres civiles par manque de conscience nationale congolaise. Jamais les guerres civiles en France par exemple n'ont détruit le Panthéon, la Sorbonne, la Bibliothèque Nationale, le Louvre, car ces établissements et ces lieux sont des symboles intouchables de toute une nation, d'un État et d'une République. La conscience nationale est à la base du respect du patrimoine national. Le sentiment d'être citoyen et citoyenne congolais(e) est encore bien ténu : il faut le développer, pour changer les mentalités ;

3) les textes juridiques, les institutions républicaines, les organes administratifs, les charges et fonctions publiques, ont pour fondement la conscience nationale et non le sentiment ethnique ou tribal : la citoyenneté est un fait de culture, et non seulement une donnée immédiate par la force des textes légaux ;

4) la démocratie a un cadre formel (les textes, les constitutions), mais elle est un acquis de la philosophie : « Demander le règne de la loi, c'est demander que la divinité et la raison règnent seules. Demander le règne d'un homme, c'est demander aussi celui d'une bête féroce » (Aristote, *Politique,* III, I6, 3) ;

5) la tenue des assises nationales de la Jeunesse du Congo convoquées par le Président de la République, sans affichage de partis politiques : les guerres sont finies ; que le Magistrat suprême du pays regroupe donc la jeunesse du pays dans un cadre nouveau d'idées et de travail pour l'avenir de tout le pays ;

6) l'Armée congolaise moderne, civique et républicaine : une Armée républicaine ne tombe pas du ciel ; elle exige moyens maté-

riels et financiers, discipline militaire, hommes et femmes du métier des armes faisant preuve d'un sens aigu du devoir et de l'honneur, au service de la nation, de l'État, de la République, avec bravoure et valeur ;

7) la construction de l'Université congolaise de demain, dans les immenses plaines de Kintélé : une grande structure culturelle, intellectuelle, pédagogique, scientifique, technologique et économique, dans le cadre de la Renaissance Africaine et de l'Union Africaine ; le Congo tout entier va vibrer d'une autre vie ;

8) l'électrification du Congo, une urgence nécessaire : énergie solaire, barrages du Kouilou (voulu par le Président F. Youlou), de Moukoukoulou, du Djoué, de la Mpama, d'Etoumbi, de Kandéko, etc. Le Congo doit hâter son équipement en énergie électrique à partir des ressources hydrauliques si abondantes pour son développement. D'ici 40 ans, le pétrole congolais sera épuisé. Les 300 partis politiques claniques et familiaux doivent par conséquent préparer sérieusement l'avenir du Congo, en songeant à l'après pétrole ;

9) la diplomatie congolaise doit être redynamisée : ambassades et missions représentent l'État, la République et non des factions du peuple congolais. L'État de droit, tant désiré, n'est pas qu'à Brazzaville ; il est aussi dans les ambassades et missions congolaises à l'étranger ;

10) la Renaissance Africaine : il est possible de faire de ce XXIe siècle, le siècle du Renouveau Africain, après la victoire sur la colonisation et l'apartheid ; c'est une affaire de conscience africaine et de vision critique sur le temps présent ;

11) la globalisation, c'est notre contexte existentiel le plus vaste, aujourd'hui : il faut en prendre toute la mesure ; l'outil électronique, l'énergie nucléaire, la communication, les réseaux, les sciences et les technologies, la nécessité pour tous les pays de la terre d'avoir une certaine classe scientifique internationale, etc. : voilà quelques caractéristiques de la globalisation ;

12) le Congo, en demandant pardon à lui-même, doit s'ouvrir désormais à certaines valeurs de base, et les vivre avec honneur, courage et espoir.

Pour dialoguer, tenir conversation nationale, discuter, palabrer, envisager positivement demain, oublier le mal fait à soi-même par soi-même, pardonner, revenir à l'honneur et à l'espoir, renaître comme force du Congo en construction, il faut une seule chose : que les Congolais et les Congolaises soient moins économes de leurs sentiments fraternels, patriotiques, civiques, républicains et démocratiques, bref des sentiments et des valeurs de civilisation. L'humanité avance grâce à ces valeurs qui sont de portée universelle. Le Congo peut donc les vivre en tant que communauté humaine consciente et non en tant que conglomérat de tribus éparses et ennemies. C'est à la mesure des ambitions du pays.

On peut valablement désigner toutes ces suggestions et propositions de façon globale par : Les Grands Travaux du Congo, initiés par la Président de la République, avec l'adhésion sans réserve de tout le peuple, et à exécuter par le Gouvernement de la République, avec toutes les forces vives nationales, les partenaires bilatéraux et multilatéraux.

Travaillons sur nous-mêmes, hommes, femmes et jeunes du Congo.

APPENDICES

Principaux cours d'eau du Congo

Le Congo est un pays riche de soleil, d'eau et de pétrole. Mais le Congo, tel quel, est presque totalement ignoré par les Congolais et les Congolaises. Un nom comme Kakamoéka ne dit absolument rien aux gens de Liranga, et pourtant le plus grand barrage du Congo sera construit dans les parages de la localité océane, le barrage du Kouilou. Où se trouve la rivière Kandéko ? Aucun collégien, aucune collégienne ne peut le savoir à Kellé ou à Mossendjo, c'est quasi certain. Au lieu d'écrire des dissertations simplificatrices sur la citoyenneté congolaise, on ferait mieux de présenter le Congo, ses régions, ses villes, ses cours d'eau, sa végétation, son climat, ses ethnies, leurs idiomes et leurs arts, leurs danses et musiques etc. La citoyenneté, la conscience nationale, le sentiment de communauté de destin, ne doivent pas être élaborés à partir de l'ignorance totale du Congo. C'est l'image du Congo dans son ensemble qu'il faut imposer dans les esprits, les mentalités et les consciences. Les 300 partis politiques à caractère clanique et familial doivent sortir de leur méconnaissance du territoire national pour éduquer, faire voir et faire aimer le Congo.

Voici donc les principaux cours d'eau du Congo, rivières et fleuves :

L'Oubangui arrose, au Congo, Gouga, Bétou, Dongou, Boyellé, Impfondo, Mombenzélé, Ndjoundou et rejoint le fleuve Congo à Liranga.

L'Ibenga arrose Berandjokou, Mimpoutou, Kimbelly, Enyellé et rejoint l'Oubangui. L'autre affluent de l'Oubangui est la Motaba qui le rejoint à Dongou après avoir arrosé Bangui-Motaba.

L'Ilobi arrose Epéna et rejoint la Likouala-aux-Herbes qui atteint elle-même la Sangha pour tomber dans le Congo à Mossaka. Les localités fluviales importantes entre Impfondo et Mossaka sont : Mombenzélé, Ndjoundou, Liranga (en aval du confluent de l'Oubangui et du Congo) et Loukoléla.

La Ndoki est un autre affluent de la Sangha.

La Sangha arrose Bomassa, Ouesso, Pikounda et rejoint le Congo à Mossaka, ville fort célèbre au temps des palmeraies des Frères Tréchot. La Sangha reçoit la Ngoko à Ouesso. La Ngoko elle-même reçoit la Como à Mouloundou. Entre Ouesso et Souanké, les localités sont : Elogo, Mielekouka et Ketta.

La Kandéko rejoint la Lengoué après Liouesso pour tomber dans la Likouala à Loboko où le Kouyou rejoint également la Likouala.

La Likouala reçoit la Mambili et arrose Ntokou. La Lebango rejoint la Likouala à Etoumbi. La Lekona qui arrose Kellé rejoint aussi la Likouala à Etoumbi. La Likouala arrose Oyoué et surtout Makoua. L'Équateur passe à Makoua. Un petit monument colonial rappelle le fait, face à la rivière Likouala.

Le Kouyou arrose Ewo, Mbama, reçoit la Ngoko, arrose Mondzeli, Owando et rejoint la Likouala à Loboko.

L'Alima reçoit la Lékéti, arrose Okoyo (un monument existe commémorant Ballay, un compagnon de Pierre Savorgnan de Brazza, au bord même de l'Alima), Mokana (village presque éteint, mais jadis célèbre à cause des palmeraies, huileries et factories des Tréchot), Boundji, Odouka, Mbindzi (Mbinzi), reçoit la Mpama, arrose Oyo, Tsépia (Tsépika), Tongo, reçoit la Ndeko et tombe dans le Congo à Konda, en aval de Mossaka.

La Nkeni arrose Gamboma et se jette dans le Congo en aval de Makotipoko. De la ville de Ngo, on rejoint par route le fleuve Congo à Mpouya. De Ngo, une route goudronnée conduit à Lékana en passant par Nsa, Djambala (on traverse la Mpama), Ngoulankia. La route de Lékana à Kebara n'est pas bitumée. Les paysages sont splendides et d'une tranquillité absolue. Une route conduit de Djambala à Okali en face d'Okoyo-sur-Alima en passant par Mbon, Oboli. D'Okali, on peut aller à Ossélé et à Alembé en face de Boundji-sur Alima (les gens d'Alembé viennent d'ailleurs au marché à Boundji, en traversant l'Alima). D'Ossélé, on va à Gambona-sur-Nkeni en passant par Abala et Oban.

La Léfini tombe dans le Congo entre Mpouya et Ngabé (en face de Kwamouth où le Kasai rejoint le fleuve Congo, du côté du Congo-Kinshasa). De part et d'autre du fleuve Congo habitent des peuples téké et apparentés (dans le Bandundu). La Léfini naît dans les Plateaux Batékés, de même que la Lékéti et la Mpama, tributaires de l'Alima; la Nkeni, la Bouenza, le Niari, le Djoué, Djiri et Kintélé ont aussi leur source dans les Plateaux Batékés, véritable château d'eau du pays.

Le Djoué arrose Mayama, Ngoma-Tsé-Tsé et rejoint le Congo au sud de Brazzaville (les cataractes du Djoué-Congo).

La Loufoulakari tombe également dans le Congo, avec ses belles chutes d'eau.

Le Niari arrose Kimba, Bouansa, Madingou, Nkayi, Loudima, Makabana, atteint Kakamoeka, rejoint le Kouilou et tombe dans la mer à Madingo-Kayes. Les affluents du Niari sont nombreux, par exemple : la Bouenza, la Loudima, la Kimenga, la Lelali-Mpoukou-Louéssé.

Ces eaux congolaises sont abondantes, profondes, poissonneuses en toutes saisons. Les régions et les ethnies sont reliées par ces voies d'eau, bien avant les temps coloniaux. De quelques-uns de ces cours d'eau, on peut tirer l'énergie hydraulique, transformable en énergie électrique. Il est urgent de procéder à l'électrification de tout le Congo, dans le cadre des Grands travaux nationaux.

Signalons qu'une équipe d'ingénieurs, de techniciens et d'ouvriers, travaillant sous les ordres de l'ingénieur centralien congolais, Tsengue-Tsengue, avait mis au point, de janvier à avril 1999, un générateur hydro-électrique flottant utilisant la force hydraulique de la rivière Tsiémé, à Talangai (Brazzaville), à l'émerveillement des populations. Par cet exemple expérimental, Tsengue-Tsengue a démontré, brillamment, que le Congo pouvait sortir de son « archaïsme énergétique aberrant où le feu de bois et la lampe tempête règnent encore » (voir « La Semaine Africaine », n° 2215, jeudi 22 juillet 1999, p. 7). L'énergie électrique est la condition vitale de tout développement dans le monde.

APPENDICE II

Régions, villes et villages du Congo

La région du Kouilou appartient certes aux Vilis mais pas à eux seuls : elle appartient à tous les Congolais et à toutes les Congolaises, au nom et en vertu de la citoyenneté congolaise, de la nation congolaise, de l'État congolais, de la République du Congo. Il en va ainsi de toutes les autres régions du territoire national, avec toutes leurs richesses (pétrole, gaz, bois, mines, eaux, etc.). Il est évident et naturel que les natifs de la région du Kouilou puissent avoir un sentiment particulier, une émotion particulière pour cette région maritime : le lieu de naissance n'est indifférent à personne.

La psychologie humaine s'attache à des lieux, des paysages, des géographies etc., qu'il serait coupable d'ignorer ou de minimiser. Depuis des siècles, les Vilis ont conquis, aménagé et humanisé leur contrée de naissance, leur berceau congolais particulier : villages, clans, chefferies, royaume de Loango, la mer et ses mythologies, littératures orales, cimetières, champs, routes, savanes etc., témoignent justement de cet effort humain déployé par les Vilis, hier et aujourd'hui, pour créer une forte région, un beau pays, une magnifique et paisible province. N'empêche : la région du Kouilou appartient à tous les citoyens et à toutes les citoyennes du Congo. La République du Congo ne s'arrête pas dans le Mayombe. Elle va au-delà de Pointe-Noire, dans l'océan.

Or, jusqu'ici, nos consciences régionales et ethniques donnent l'impression que les régions appartiennent à des ethnies et à des tribus, nullement à l'État congolais, à la nation, à la République. Même des intellectuels ont beaucoup de peine à comprendre que leurs régions respectives ne sont que des composantes géographiques, historiques, humaines, culturelles, administratives etc., de la nation congolaise globale. La Cuvette de l'Ouest n'est pas un nouvel État de droit créé dans le Congo, au sein de la République, mais une région administrative, ayant ses spécificités et particularités, relevant de la loi républicaine congolaise. Toutes les régions du Congo ont un seul et même statut politico-administratif.

C'est l'État qui a été peu pressé pour doter ces régions congolaises d'infrastructures administratives appropriées : villa du Président de la République, villa et domaine du préfet, bâtiments publics convenables pour signifier la présence du Gouvernement de la République, l'autorité de l'État. Il n'y a presque rien de bâti par l'État dans la région de la Likouala. Un tel abandon crée forcément le repli de soi sur soi. L'impression est qu'on se trouve exclu de la République. L'État ne doit pas liquider la conscience nationale et favoriser, par insouciance ou étourderie, le renforcement de la conscience ethnique, tribale et régionale. Il faut que l'image du Congo et de ses régions s'impose de plus en plus dans nos consciences congolaises. Nos mentalités régionales doivent s'ouvrir à plus grand. On ne peut pas être accusé d'être relaps à cause d'une telle ouverture psychologique et sociologique.

Voici ces régions, quelques-uns de leurs villes et villages, qu'il faut cesser de percevoir comme des chiens (méchants) dans un jeu de quilles :

1) Région du Kouilou

Pointe-Noire (*chef-lieu*)

Bilala, Diosso, Hinda, Kakamoéka, Madingo-Kayes, Malélé, Mbena, Mvouti, Nzambi, Nzassi, Sialivakou, Tchilounga, Tchissakata, Tchizalamou, etc.

2) Région du Niari

Loubomo/Dolisie (*chef-lieu*)

Diambala, Divénié, Kibangou, Kimongo, Londela-Kayes, Loubetsi, Louvakou, Matsanga, Mayoko, Mbinda, Mossendjo, Moubotsi, Mougoundou-sud, Moutamba, Tsembo, Yenegangou, etc.

3) Région de la Lékoumou

Sibiti ou Ibiti (*chef-lieu*)
Bambama, Indo, Ingolo, Kengué, Komono, Loungou, Makabana, Makanda, Placongo, Vouka, etc.

4) Région de la Bouenza

Madingou (*chef-lieu*)
Aubeville, Boko-Songho, Bouansa, Kingoué, Loudima, Loutété, Mabombo, Makaka, Makoubi, Mfouati, Mouliéni, Mouyoundzi, Nkayi, Tséké-Pembé, Tsiaki, etc.

5) Région du Pool

Kinkala (*chef-lieu*)
Boko, Kibouendé, Kimba, Kindamba, Kimpelo, Linzolo, Louingui, Loukoué, Loumou, Madzia, Mayama, Matoumbou, Mbamou, Mbanza-Ndounga, Mindouli, Nganga-Lingolo, Ngoma-Tsé-Tsé, Vinza, etc.

6) Région des Plateaux

Djambala (*chef-lieu*)
Abala, Alembé, Gambona, Ilanga, Inkouélé, Inoni, Kebara, Lekana, Mabirou, Makotipoko, Maty-Centre, Mbanza, Mbe, Mbon, Mpouya, Ngabé, Ngo, Ntsou, Oboli, Odziba, Oka, Ollombo, Ongonyi, Ossélé, Ngoulounkia, Nguiélé-Okasso, Nsa, etc.

7) Région de la Cuvette

Owando, ex- Fort-Rousset (*chef-lieu*)
Aboua, Bokouélé, Boundji, Elinguinaoué, Lango, Loboko, Loukolela, Makoua, Mbama, Mossaka, Ngoko, Ntokou, Obouya, Ondzema, Otende, Oyo, Oyoué, Pouéré, Tongo, Tsépika, etc.

8) Région de la Cuvette de l'Ouest

Ewo (*chef-lieu*)

Adzié, Etoumbi, Kellé, Mbanza, Mbono, Mbié, Ngoye-Boma, Okelataka, Oyabi, Palabaka, Tsama, Vaga, etc.

9) Région de la Likouala

Impfondo (*chef-lieu*)
Bangui-Motaba, Berandjokou, Bétou, Boyellé, Dongou, Epena, Enyellé, Gbangba, Liranga, Mimbelly, Mimpoutou, Mombenzélé, Mouala, Ndjoundou, etc.

10) Région de la Sangha

Ouesso (*chef-lieu*)
Bomassa, Elogo, Epoma, Garabinzam, Ketta, Lango, Liouesso, Miélékouka, Sembé, Souanké, Pikounda, etc.

Dans ces villes, villages et hameaux du Congo, les hommes et les femmes travaillent : agriculture à la houe, pêche à la nasse ou au filet, navigation au moyen de la pirogue monoxyle, métallurgie artisanale, fabrication de poterie, de tissus-raphias, de vin de palme, etc. Des commerçants maliens et libanais sont installés un peu partout ; ils vendent le matériel de construction, poisson salé, craies et cahiers, pétrole lampant, pagnes, savons, lait, machettes ou coupe-coupe, produits de beauté, quincaillerie diverse. Ils ont remplacé avantageusement l'Office National de Commerce (OFNACOM), mais l'argent circule sans rester dans le pays.

Dans ces villes, villages et hameaux du Congo, les hommes et les femmes voyagent, échangent des idées, des techniques, organisent des jeux inter-villages (football, etc.) jusqu'au niveau de la région toute entière. Il y a des écoles primaires, des collèges, des lycées mais sans structures sanitaires appropriées, sans bâtiments bien équipés pour les études, sans logements pour les enseignants, etc. Les infrastructures sanitaires, dispensaires, infirmeries, hôpitaux laissent également à désirer : le personnel qualifié manque, les médicaments les plus nécessaires sont introuvables (les petites pharmacies non contrôlées des villages vendent très cher les médicaments : nivaquine, alcool, antibiotiques divers, vermifuges, coton, etc.). Le sida quitte maintenant les grands centres urbains pour fleurir dans les villages. La mort frappe de façon cruelle les nouveau-nés et les petits enfants. La sélection naturelle est sévère. Les écosystèmes se dégradent d'année en année ; les pétroliers polluent régulièrement tout le littoral maritime congolais (les poissons meurent en quantité en buvant l'eau de mer polluée, les plages deviennent noires, les oiseaux de mer rares etc.).

Dans ces villes, villages et hameaux du Congo, il y a des valeurs : le respect des aînés, des vieux, des chefs, des traditions qui ont façonné la tribu, l'ethnie, le village ; la confiance des villageois les uns envers les autres ; le goût de l'effort, le sens de l'organisation, l'amour du travail. Le vol était autrefois inconnu dans les villages du Congo où les cases n'avaient pas de serrures à clé. Lors des naissances, des festivités, des cérémonies, liées aux semailles, aux récoltes, aux pêches collectives, aux initiations, aux mariages, aux décès, etc., les communautés villageoises élargissaient leurs solidarités primaires, confortaient leurs cosmogonies ancestrales, vivaient en équilibre avec leurs milieux naturels.

Telle est la substance humaine, sociale, psychologique du Congo ; la détruire à l'arme lourde avec le concours appliqué des mercenaires, des étrangers qui sont payés à prix d'or ? N'est-ce-pas là faire montre d'un mépris pour son propre pays ? Ou, au contraire, sentir les pulsations de ces mondes anciens, leurs problèmes sanitaires, scolaires, nutritionnels, leur désir de s'adapter à la modernité au sein d'une nation unie, d'une patrie aimée, d'un État de droit juste et d'une République aux valeurs humaines d'honneur et d'épanouissement, d'amour et de fraternité ; chemin difficile, escarpé du bonheur mais mille fois préférable aux sentiers de la mort massive.

La nation, la patrie, l'État, la République, la citoyenneté, la paix sociale, la solidarité congolaise : tout cela se construit dans l'effort, l'esprit de discipline et de sacrifice, petit à petit, progressivement. On peut aussi détruire par la guerre criminelle, par la violence politique, la nation, la patrie, l'État, la République, la citoyenneté, la paix sociale, la solidarité congolaise : et faire le choix terrible de vivre comme des animaux organisés en bandes ennemies au XXIe siècle.

En partant du pardon politique demandé à la nation entière, la classe politique congolaise peut s'éduquer elle-même, abandonner la sauvagerie, l'animalité, la bestialité, s'occuper loyalement de vrais problèmes qui sont porteurs de vie et de dignité humaine.

L'odeur sauvagine ne doit plus polluer l'ambiance générale de la politique congolaise. Il faut que le Congo cesse de faire le grand saut (i. e. se suicider) dans ces guerres civiles éternelles, depuis l'Indépendance et qui font passer les hommes et les femmes politiques du Congo comme des imbéciles heureux. Une conception de Grands Travaux de la République, sous les auspices du Président de la République, s'impose pour unir, rassembler, discuter, dialoguer, avancer, construire, léguer. Il faut faire basculer le Congo dans l'imaginaire des grands Travaux, et non dans les symbolismes tribaux arriérés qui ne peuvent que tenir les psychologies dans l'intégrisme et dans l'ignorance des forces et enjeux du monde contemporain.

On ne peut pas effacer le malheur par simple grattage. Les comportements de grenouille de bénitier ne peuvent pas non plus grand-chose. Proposer la scission, la séparation, c'est vraiment réfléchir à moindres frais. Les petits calculs politiciens d'accuser tel ou tel leader du Pool sont juste l'occasion de se fourrer des idées naines dans la tête. Les hommes et les femmes politiques du Congo, les intellectuels de ce beau pays, ont des jambes qui fourmillent. Mais si un œil dit merde à l'autre, on est vite réduit à la pagaille, au désordre, à l'indiscipline collective. On croit nécessaire de violer, de voler, de tuer, de massacrer; on croit manger du bonheur ce faisant.

A l'examen, la voie n'est que celle-ci : éviter l'esprit mystificateur qui est proche de la mythomanie (Enfants de Ngounou, messianismes, intégrismes, etc.) pour montrer les cimes que font atteindre l'unité dans le travail, l'effort collectif dans la paix retrouvée et la volonté de léguer aux générations futures un pays qui s'est battu et s'est auto-détruit, mais qui est allé, finalement, plus vite que la musique. Les Grands Travaux de la République touchent à l'essentiel; la substance humaine, sociale et psychologique du Congo, de ses régions, leurs villes, villages et hameaux, dans une perspective salutaire de profonds changements, au XXIe siècle. Le Congo peut être à nouveau dans ses meubles. L'agacer par des mièvreries est un jeu intellectualiste d'abandon. Lui proposer un dessein unitaire grandiose relève de la finalité même de la politique. A la croisée des chemins, Sassou Nguesso a choisi le pardon. C'est sage, à mon avis et à mon entendement. Il faut maintenant discuter et rassembler autour de l'avenir : pour le Congo.

APPENDICE III

Quelques dates de l'histoire récente du Congo de la Fondation de Brazzaville à octobre 1997

1880 : Fondation de Brazzaville sur le site du village téké Mfoa par le Lieutenant de vaisseau Pierre Savorgnan de Brazza (1852-1905), français d'origine italienne, explorateur et administrateur.

1901-1902 : Édification du « Palais présidentiel », bâtisse coloniale pour le Gouverneur général de l'Afrique Équatoriale Française (AEF).

1904 : Brazzaville, capitale du Congo français ou Moyen Congo.

1910-1960 : Brazzaville, capitale de l'AEF.

1911 (5 octobre) : Commune mixte de Brazzaville;

1924 : Jean-Félix Tchicaya fonde l'« Harmonie de Pointe-Noire », première association culturelle du Moyen-Congo.

1926 (17 juillet) : André Grenard Matsoua fonde à Paris l'Association Amicale des originaires de l'Afrique équatoriale française (l'Amicale).

1940-1944 : Le Général Charles de Gaulle (1890-1970) fait de Brazzaville la capitale de la France Libre, siège du Conseil de défense de l'Empire colonial français. De Gaulle est le premier président de la Ve République Française de 1959 à 1969.

1940 : Le Révérend Père Charles Lecomte (1912-1985) fait débuter les travaux de la Sainte-Basilque-du Souvenir du Congo à Brazzaville.

1942 (13 janvier) : Décès d'André G. Matsoua (1899-1942) à la prison de Mayama, dans le Pool.

1944 (28 janvier-8 février) : Le Général Charles de Gaulle convoque la « Conférence de Brazzaville » qui est présidée par le Gouverneur général de l'AEF, Félix Éboué (1884-1944).

1945 : Dès cette année, Jean-Félix Tchicaya est député du Moyen-Congo à l'Assemblée Nationale Française à Paris. Son rival aux élections législatives du Moyen-Congo fut Jacques Opangault. Dans le Pool, J.-F. Tchicaya s'était servi du mythe Matsoua pour se faire élire.

1948 : Création des « Cercles culturels » de Poto-Poto et de Bacongo.

1951 : Fondation de l'« École des Peintres de Poto-Poto » par Pierre Lods.

1955 (18 novembre) : Brazzaville devient commune de plein exercice.

1956 : Lazare Matsocota, ancien Secrétaire général (i. e. président) de la Fédération des Étudiants d'Afrique Noire en France (FEANF), fonde l' « Action congolaise », club de réflexion et de débat culturels et politiques.

1957 (6 juin) : Jacques Opangault, leader du Mouvement Socialiste Africain (MSA) forme le Gouvernement de la République autonome du Congo, capitale à Pointe-Noire. L'abbé Fulbert Youlou est ministre dans le Cabinet Opangault.

1958 (24 août) : Le Général de Gaulle propose le référendum constitutionnel en faveur ou non de la Communauté franco-africaine, au stade Éboué à Brazzaville. Le Président du Grand Conseil de l'AEF, Barthélémy Boganda, s'adresse au Général de Gaulle, au nom de la Communauté africaine francophone.

1958 (26 novembre) : Brazzaville devient le siège politique et administratif du Congo français ou Moyen Congo.

1958 (8 décembre) : Proclamation de la République du Congo.

1959 : Élections législatives gagnées par le parti de Jacques Opangault. Le Député Georges Yhambot, élu sur la liste d'Opangault, le MSA, change aussitôt de camp. La majorité parlementaire bascule alors en faveur du parti de l'abbé Fulbert Youlou, l'Union pour la Démocratie et la Défense des Intérêts Africains (UDDIA)

1959-1963 : L'abbé F. Youlou (1917-1972) devient le premier président de la République du Congo.

1959 (16-20 février) : Guerre civile entre partisans d'Opangault et ceux de Youlou. C'est la première guerre civile congolaise. Les hostilités avaient commencé à Pointe-Noire, siège de l'Assemblée Nationale du Moyen Congo. Elles avaient ensuite atteint Brazzaville, la capitale politique du Congo. Ces affrontements s'étaient circonscrits seulement à Pointe-Noire et surtout à Brazzaville où ils furent particulièrement virulents.

1960 (15 août) : Proclamation de l'indépendance du Congo (ex-colonie française). Le Ministre français de la Culture, entre 1959 et 1969, André Malraux (1901-1976), représentait la France au nom du Général de Gaulle. Le discours de Malraux fut particulièrement émouvant. Le Président J. Chirac a fait transférer les restes de Malraux au Panthéon.

1959-1960 : violences politiques sanglantes contre les adeptes d'André Matsoua, les « Matsouanistes », composés essentiellement de Kongo, Lari, Sundi et Hangala de la Région du Pool.

1961 (septembre) : première promotion d'officiers congolais sortis de Fréjus, France.

15 (août 1963) : l'abbé Fulbert Youlou démissionne sous la poussée populaire encadrée par des syndicalistes. L'Association des Étudiants Congolais en France (AEC) tient une session extraordinaire et décide d'envoyer une mission à Brazzaville (sur proposition d'Ambroise Noumazalaye).

1963 (3 septembre)-1968 : Alphonse Massamba-Debat (1921-1977) est président de la République du Congo. Beaucoup d'étudiants marxisants et marxistes sont depuis rentrés au Congo (Noumazalaye, Ndalla Graille, J.-B. Lounda : ils vont créer le journal « Dipanda »).

1964 (8 janvier)-1966 (26 avril) : Pascal Lissouba, ancien compagnon de Lazare Matsocota, est Premier ministre.

1964 (juillet) : création du Mouvement national de la révolution (MNR).

1964 (août) : création de la Jeunesse du MNR (la JMNR).

1964 (novembre) : création de la Confédération syndicale congolaise (CSC), la « puissante et historique » confédération syndicale unique du Congo.

1965 (16 février) : assassinat crapuleux de trois hauts fonctionnaires de l'État : A. Massoueme, L. Matsocota et J. Pouabou.

1965 (8 mars) : création de l'Union révolutionnaire des femmes du Congo (URFC).

1965 (22 juin) : création de la « Défense civile » (milice privée armée et paramilitaire, instruite par des militaires Cubains). Leur siège est au camp « Biafra », à Bacongo. Les « centres de ré-éducation politique » se multiplient. Ce sont de véritables centres de torture physique et morale, au nom de la révolution. Le président Massamba-Debat est en fait débordé par des forces qui disent le soutenir.

1966 (mai) : Ambroise Noumazalaye est Premier ministre. Toutes les structures révolutionnaires, mises au point, existent désormais : MNR, JMNR, CSC, URFC, Défense civile. C'est la monoculture politique absolue, tyrannique. Il ne reste que la conquête de l'Armée congolaise : la nomination, avortée, des commissaires (rouges) à l'Armée, obéissait à cette stratégie révolutionnaire trotskyste.

1966 26-27 (juin) : première mutinerie de l'Armée congolaise.

1968 (12 février-4 septembre) : Le capitaine Augustin Poignet, ministre de la Défense, a assumé les charges et prérogatives du Chef de l'État en juillet 1968, avant le mouvement du 31 juillet 1968 du capitaine Marien Ngouabi, qui était alors Chef d'État-major général des Forces armées congolaises (les révolutonnaires, Noumazalaye, Ndalla et leurs groupes de pression, pousseront Ngouabi pour faire ce mouvement, c'est-à-dire prendre le pouvoir d'État).

1968 (4 septembre) : le capitaine Alfred Raoul, premier Saint-Cyrien congolais ayant passé par la « Corniche », est Chef de l'État. Décédé en 1999, Alfred Raoul fut promu général de l'Armée congolaise par le Président Pascal Lissouba.

1968 (septembre) : dissolution de la Défense civile, alors encadrée par des Cubains.

1968-1977 : le commandant Marien Ngouabi, dégradé, puis rétabli dans ses ficelles (ou galons), est Président de la République populaire du Congo, avec le Parti Congolais du Travail (PCT), premier parti marxiste-léniniste au pouvoir en Afrique noire. Il n'est pas cependant « secrétaire général du Parti ». Les camarades « révolutionnaires » ne considéreront pas le militaire Marien Ngouabi comme l'un des leurs. Ils vont le tolérer puisqu'il dispose des Forces armées congolaises avec Yhombi Opango et Sassou Nguesso.

1969 (7-8 septembre) : Bernard Kolelas est accusé et condamné pour avoir tenté un coup d'État contre la révolution et ses institutions.

1969 (29 au 29 décembre) : Congrès constitutif du parti marxiste-léniniste d'avant garde, le Parti Congolais du Travail (PCT) ; proclamation de la République populaire du Congo. Ernest Ndalla Graille, en tenue maoïste, présente le nouveau drapeau rouge au Président de la République, le commandant Marien Ngouabi, au cours d'un triomphal défilé militaire et populaire au boulevard des Armées.

1970 (3 avril) : dissolution de la Gendarmerie nationale (rétablie en 1991).

1970 (30 juillet) : Stéphane Bongho-Nouarra est arrêté pour avoir tenté un « complot tribaliste et contre-révolutionnaire ». Il sera relâché et exilé en France.

1970 (23 mars) : le coup d'État avorté du parachutiste de grand renom, Pierre Kinganga ; plus de 130 personnes furent prises et tuées.

1972 (22 février) : tentative de putsch par une aile militaro-politique du PCT : c'est le « Mouvement du 22 », en abrégé M22 ; 19 membres du Comité central du parti sont impliqués. Le lieutenant Ange Diawara est reconnu comme le meneur militaire de ce mouvement putschiste. Tué le 24 avril 1973 dans le « maquis de Goma Tsé-Tsé », Diawara sera exposé, corps inerte et sanglant, presque nu, au Stade de la Révolution, avec quelques-uns de ses compagnons, également morts. Le colonel Yhombi-Opango, Chef de l'État-major des Forces armées, avait pourtant dissuadé le lieutenant Diawara de ne pas tenter un tel coup de force.

1973-1975 : Henri Lopes, universitaire, ancien Ministre de l'Éducation nationale, est Premier ministre. Les recettes fiscales pétrolières sont jugées très substantielles. Les prix des produits pharmaceutiques sont libérés. Les bas salaires sont augmentés. Les champs du Parti Congolais du Travail sont créés, avec le matériel agricole, fort coûteux, commandé en Roumanie.

1974 (18 novembre) : épuration de 340 Sous-officiers et Hommes de troupe de l'Armée nationale populaire. Le prétexte révolutionnaire de cette décision volontariste : ces militaires s'occupent plus de leurs affaires (petit commerce, etc.) que des obligations et devoirs de l'Armée.

1977 (18 mars) : Le Président Marien Ngouabi est assassiné, dans l'enceinte même de l'État-major des Forces armées (un édifice colonial).

1977 (19 mars) : institution d'un Comité militaire du parti (CMP) de onze membres, tous des officiers de l'Armée congolaise.

1977 (mercredi 22 mars) : assassinat de Son Éminence le Cardinal Émile Biayenda, premier archevêque congolais de Brazzaville.

1977 (25 mars) : assassinat du Président Alphonse Massamba-Debat (toujours sans sépulture).

1977 (2 avril) : obsèques nationales du Président Marien Ngouabi. Le Président Félix Malloum du Tchad assiste à ces obsèques : c'est un ancien de l'École Général Leclerc de Brazzaville, comme Marien Ngouabi et Yhombi Opango.

1977 (5 avril)-1979 (4 février) : Le colonel, puis général de brigade, Jacques Joachim Yhombi Opango est Président de la République populaire du Congo. Yhombi Opango est le premier général de l'Armée congolaise.

1978 (13 février) : Le capitaine Barthélémy Kikadidi, meneur supposé du commando suicide qui tua Marien Ngouabi, est abattu à Bacongo par des militaires de l'Armée congolaise.

1978 (3 janvier-6 février) : procès radiodiffusé et télévisé en direct, relatif à l'assassinat de Marien Ngouabi, par une Cour révolutionnaire d'exception.

1979 (5-8 février) : Jean-Pierre Thystère Tchicaya, universitaire, permanent du Parti Congolais du Travail (PCT), préside une réunion extraordinaire du Comité central du Parti qui démet le général Yhombi Opango, et désigne le colonel Denis Sassou Nguesso, membre du CMP, président du Comité préparatoire des assises du 3e Congrès extraordinaire du Parti, fixé au 26 mars 1979. C'est le « Mouvement du 5 février 1979 » en faveur du Colonel Denis Sassou Nguesso.

1979-1992 : Denis Sassou Nguesso, colonel, puis général d'armée, est Président de la République populaire du Congo. C'est l'officier général le plus haut dans l'Armée congolaise. Il est l'auteur du livre *Le manguier, le fleuve et la souris*, Paris, J.-C. Lattès, 1997, 184 p.

1979-1991 : le général Yhombi Opango est en prison à Pointe-Noire, sans jugement. C'est, jusqu'ici, la prison politique la plus longue au Congo.

1982-1986 : plan quinquennal. Le colonel, puis général Louis Sylvain Goma, Saint-Cyrien ayant passé par « La Corniche », est Premier ministre, Chef du gouvernement. Impulsion personnelle du Président Denis Sassou Nguesso pour ce plan, ambitieux, coûteux, mais fort nécessaire avec son concept mobilisateur : le désenclavement du pays.

mai 1988 (mai) : traquage et assassinat du capitaine Pierre Anga, dans les forêts des environs d'Owando, Région de la Cuvette.

1990 (3 février) : inauguration de la Tour Nabemba, le plus haut édifice de Brazzaville, au bord du fleuve Congo, par le Président Denis Sassou Nguesso.

1991 (25 février-10 juin) : tenue d'une Conférence nationale souveraine, avec 1 200 délégués,

268 discours et déclarations, près de 300 Actes souverains, 3,5 milliards de F. CFA. versés en indemnités diverses aux délégués. On a dénombré plus de 3 000 Congolais et Congolaises morts de 1963 à 1991, victimes de la violence politique congolaise criminelle et sanglante. La promesse fut souverainement faite au peuple congolais de ne plus jamais recommencer de tels forfaitures politiques. Une belle Constitution fut imaginée et écrite dans ce sens de la non-violence politique criminelle.

1991-1992 : transition politico-administrative vers la démocratie et l'État de droit. André Milongo, éminent économiste, est Premier ministre, Chef du Gouvernement, Président du Conseil des ministres, Ministre de la Défense. Mgr Ernest Kombo, évêque d'Owando, est Président du Conseil supérieur de la République qui comprend 153 membres, majoritairement des hommes (peu, très peu de femmes).

1992 : élections des conseils locaux (1 345 sièges), élections sénatoriales (60 sièges), élections présidentielles (une dizaine de candidats ; une Congolaise est candidate).

1992 (20 août) : Pascal Lissouba, professeur d'Université, est élu Président de la République du

Congo au suffrage universel direct. Il est l'auteur, entre autres, du livre intitulé *Congo : les fruits de la passion partagée,* Paris, Éd. Odilon Média, 1997, 253 p.

1992 (31 août) : première cérémonie présidentielle de passation de pouvoir au Congo, depuis l'Indépendance de ce pays (août 1960), entre le Président sortant, Denis Sassou Nguesso, et le Président rentrant, Pascal Lissouba.

1992-1997 : Pascal Lissouba, est Président de la République du Congo.

1992 (8 septembre) : Stéphane Maurice Bongho-Nouarra est Premier ministre.

1992 (30 novembre) : « Martyrs », trois Congolais tués lors d'une fusillade près du Cercle culturel français.

1992 (3 décembre) : Le Général Jean-Marie Mokoko fait signer, sous son autorité, un accord sur un « Gouvernement de large union nationale », pour ramener la paix sociale.

1992 (25 décembre) : Claude-Antoine Da Costa est nommé Premier ministre.

1993 (4 mars) : mise en place d'une Commission nationale d'organisation et de supervision des élections législatives anticipées de 14 membres.

1993 (6 juin) : second tour des élections législatives anticipées.

1993 (23 juin) : Yhombi Opango est nommé Premier ministre, Chef du Gouvernement.

1993 (12 au 24 juin) : barricades érigées à Bacongo, Talangaï, etc.

1992-1993-1994 : guerre civile, des milliers de morts; destruction du patrimoine scientifique national; les milices agissent publiquement; immenses dégâts matériels.

1994 (28 au 29 mai) : gigantesque opération de vol d'armes à l'École nationale des sous-officiers (ENSO), près de Gamboma, dans la région des Plateaux.

1994 (19-24 décembre) : tenue à Brazzaville d'un forum national pour la culture et la paix, avec l'appui de l'UNESCO.

1997 (5 juin-17 octobre 1997) : guerre civile, des milliers de morts ; incalculables destructions matérielles, psychologiques, économiques.

1996 (26 août) - 1997 (8 septembre) : Charles-David Ganao est Premier ministre, Chef du gouvernement.

1997 (27 juillet) : prévision constitutionnelle de l'élection présidentielle.

1997 (8 septembre) : Bernard Kolelas est nommé Premier ministre, Chef du gouvernement.

1997 (18 octobre) : Le Général Denis Sassou Nguesso est au pouvoir.

1997 (20 octobre) : message de Sassou Nguesso à la nation depuis Oyo.

APPENDICE IV

Radio numérique : la télécommunication pour demain

On doit au savant Noah A. Samara, l'invention récente d'un système de Radio Numérique. Né en Éthiopie en 1956, d'un père soudanais, il est par ailleurs docteur en Droit (Georgetown University Law School, USA) et diplômé en Histoire de la Renaissance et de la Réforme (University of California, Los Angeles). Spécialiste des Télécommunications par satellite, il a mis en orbite un satellite de radio numérique (octobre 1998).

Ce satellite baptisé « AfriStar » a trois faisceaux qui couvrent toute l'Afrique et le Moyen-Orient. Chaque faisceau couvre une superficie de 14 millions de kilomètres carrés.

Il s'agit d'un système qui permet aux récepteurs de capter directement les ondes du satellite en orbite. C'est une nouvelle technologie numérique spécifiquement conçue pour combler le fossé encore énorme entre les pays industrialisés et les pays dits du « Tiers-Monde ». Ce qui signifie qu'avec un simple poste de radio spécialement développé par HITACHI, JVC, SANYO, etc., on peut recevoir directement des informations émises par le satellite en orbite, où que l'on se trouve sur le continent africain : en plein désert, en forêt ou dans les savanes. On n'est plus dépendant des transmissions hertziennes.

Un groupe dénommé « Worldspace » est chargé de la gestion de ce satellite. Ce groupe peut, par l'intermédiaire de ses éventuels partenaires, émettre des informations des radios locales. Si la « Radio-Congo » devenait par exemple partenaire de « Worldspace », elle pourra émettre à partir de ce satellite au-delà du territoire national sur une superficie de 14 millions de km^2 en utilisant seulement un faisceau de ce satellite en orbite. Or celui-ci dispose de trois faisceaux. Les « Nouvelles nationales congolaises » peuvent donc être écoutées dans toute l'Afrique et même au Moyen-Orient.

Il y a par conséquent un double avantage :

a) l'Afrique va s'intégrer de plus en plus dans les réseaux mondiaux de télécommunication; il n'y aura plus de marginalisation en cette ère de globalisation ou mondialisation;

b) un pays africain donné peut atteindre tout son territoire national, directement et clairement, dans le domaine de la communication et de l'information.

Cette technologie de radio numérique (« Tam-Tam numérique ») développée par SAMARA n'est pas vraiment coûteuse.

Déjà 20 pays africains sont partenaires de « Worldspace » : Afrique du Sud, Burkina Faso, Cameroun, Éthiopie, Gambie, Ghana, Kenya, Madagascar, Maroc, Mauritanie, Mali, Mozambique, Niger, Nigéria, Ouganda, Sao Tomé & Principe, Sénégal, Soudan, Zambie, Zimbabwé.

Le Congo devrait adhérer, sans trop tarder, à ce nouveau système de télécommunication par satellite avant qu'il ne soit saturé. Les choses avancent vite au plan mondial. L'éveil politique au plan global du monde est aujourd'hui un impératif catégorique dans la gestion et la gouvernance du bien public.

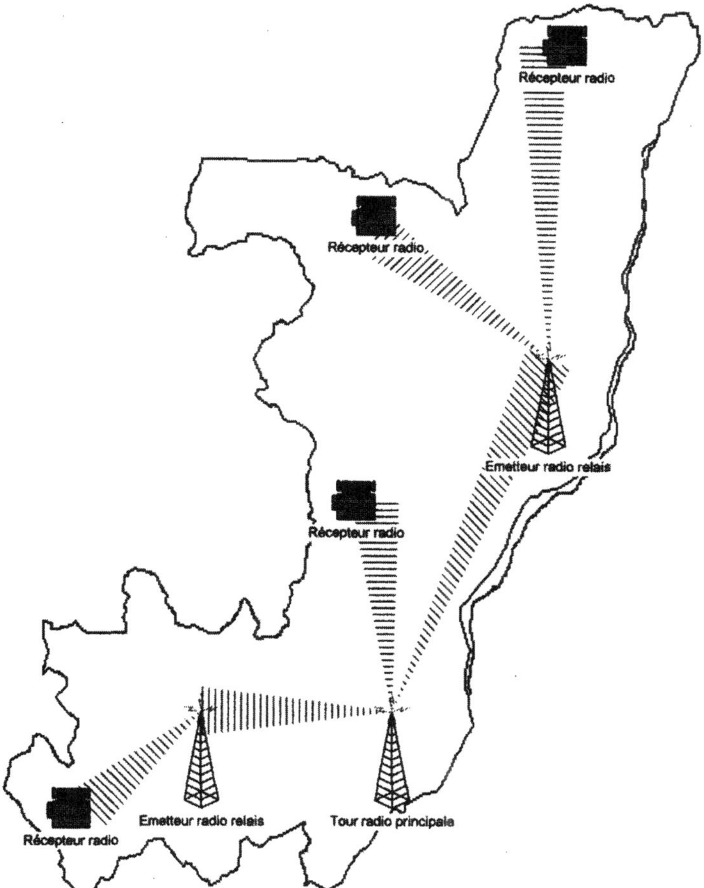

Transmissions hertziennes nécessitant une importante infrastructure (plusieurs relais) et ne couvrant qu'une partie du territoire

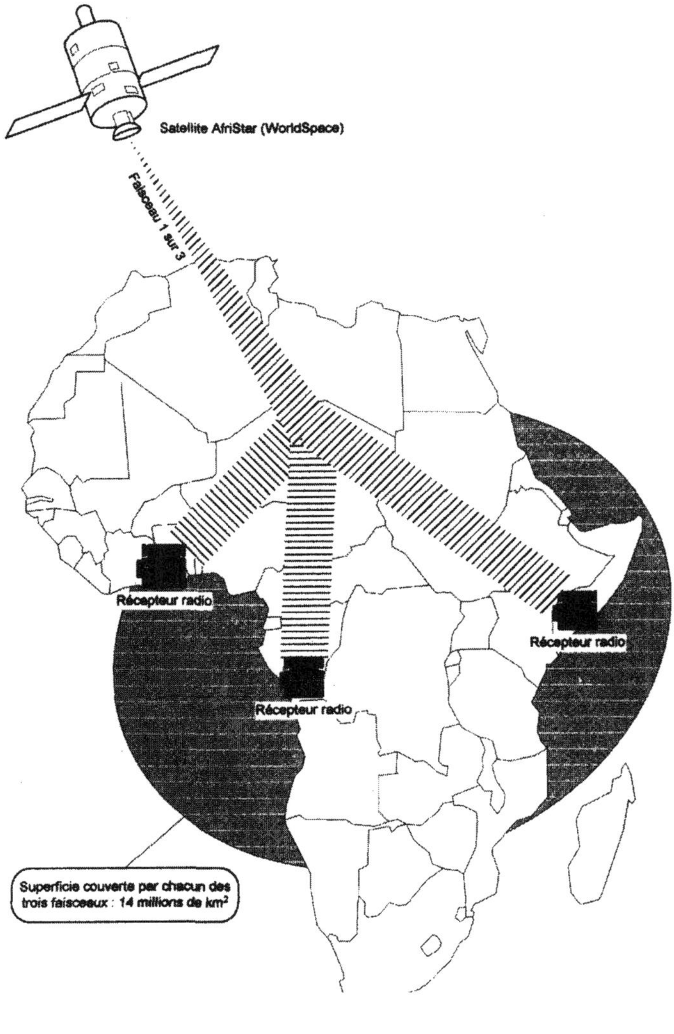

Radio numérique par satellite couvrant de nombreux pays (plusieurs millions de km^2)

APPENDICE V

Petite anthologie congolaise : le face à face des visages des morts

I. - Léopold Congo Mbemba

– Que personne ne demande plus :
où les hommes sont-ils passés ?
par quelle route sont-ils partis ?

– Ils ne se relèveront plus jamais,
ils ont pris du poids,
ils ont pris des plombs !

– Ils sont déjà morts,
mais n'ont pas d'abri,
pas même la vaine chapelle
de claie de palme,
où suintent les larmes.

– République d'ossements...
Là-bas au fond des yeux,
de ceux dont les chiens lèchent la saignée,
et arrachent et dévorent la chair,
je suis... le tombeau transparent.

– J'établirai ma demeure
au confluent de la Tsiémé et du fleuve.
J'attendrai que le mystère des eaux
transforme les cadavres
en poissons.

– Les nourrissons chanteront par ma bouche,
pour bercer les mères inconsolables
perdues dans la cruauté de la guerre.
Les mères pleureront par ma voix
les grossesses livrées à la terre éteinte et froide.

– Dans le lent retour à la parole,
voir et dire
sont des conquêtes.
Comment dire le néant,
et de quelle voix le faire ?

– Quels yeux ouvrir ici,
pour faire clairière
dans le sommeil de mort ?

– Nous ne pouvons même pas
abriter des charognards
les ventres qui nous portèrent
de néant à vie,
nous... les tombes noires !

– Ô Cimetières ! ô Nuits !
guidez-moi !
de vos gestes immobiles !
ô Forces des morts !
revenez !
aux forces de la vie !

– Les cœurs que nous avons enterrés vivants
battent encore,
et saignent.
C'est leur sang
qui nous rend visite.
– Et... renaissons,
pour faire temple ensemble
et grandir comme le chant

de la vie et de la mort
transfigurées !

Dans l'attente de votre retour,
je suis... le tombeau ardent.

Extraits : Léopold Congo Mbemba, *Le Tombeau Transparent*, Paris, L'Harmattan, 1998, Préface de Geneviève Clancy.

II. - Bilombo-Samba

– Me voici conscience d'alternance civile
passeur de périmètres interdits
N'y aura-t-il de Congo qu'en cassant des os ?

– Congo Congo ohé
Terre exacte exilée
Comment terrasser tes frayeurs intimes
tes soliloques d'État
Comment terrasser quand même
tes slogans insalubres
l'impunité des choses
les scellés des discours
les saletés de l'âme
l'incommensurable immensité du chaos
et puis quoi encore
les carrosses de sang
la souveraineté du délire
la familiarité de l'infamie

– Congo Congo ohé
Terre exacte exilée de la terre et de l'avenir...
chaque sanglot est une mélodie ordinaire
chaque orgasme sur table d'écoute
chaque bonheur bariolé de deuils
Congo pays-poudrière
pays œil austral
pays du mensonge-totem
Congo pays de la douleur-océan
voici mon chant entre sang et lumière
Ah ! Comment pourfendre les ténèbres
de la tension d'exister ?

Extraits : Bilombo-Samba, *Comment fonder avec des morceaux de maux un homme fraternel ?* Janvier 2000.

III. - Marcel Sony Labou Tansi

– Nous avons su magouiller trois cents ans d'uniformes
forger de couvre-feux
et laver une tasse de thé
dans un bain de sang

– Nous avons payé cash chaque chute
chaque impasse
chaque ténèbre
dans une vraie brisure de bon sens
battus
brûlés
roulés par les plus dures putréfactions

– lèse-rivalité
et vous le savez
nous avons été la conscience du cru
crûment malaxée avec un fragment
de haine pour la haine

– Frères
nous avons été saignés à sperme égal
jusqu'au vrai fin fond du monde
Qu'on ne nous enseigne plus
ni les magouilles mécaniques
ni les rouages du désespoir
ni les formats poche du léninisme
nous sommes
ceux qui ont cousu toutes les fesses
du ciel
sur les pans d'un siècle
volé
Nous n'avons même pas entendu
l'alarme sonner
tous sauteurs de mort
bien vêtus d'une tendre astuce
nous avons vécu
dans la blanche peur des loups...
Extraits : Marcel Sony Labou Tansi, *Poème pour une castrée.*

IV. - Alphonse Ndzanga-Konga

– Elini Okoli
Ntongo Wangata
Konga Ntchota
et tu en oublies d'autres
l'écume de ton sang
n'a fait qu'un tour
et tu essaies d'écrire
sur le sable froid

– les perroquets volant plus bas
que ta douleur
flairent l'absence des dieux.

Extraits : Alphonse Ndzanga-Konga, L'île de la mémoire, décembre 1992.

BIBLIOGRAPHIE

Ayittey, G. B. N., *Africa in Chaos*, New York, St. Martin's Griffin, 1999. L'écon-miste africain esquisse un panorama de la scène économique mondiale où l'Afrique se trouve, qu'elle le veuille ou non. Les forces, les enjeux, les stratégies, les faiblesses et les espoirs sont mis en relief, avec pertinence. Dans un ouvrage précédent, Africa Betrayed, George Ayittey s'en prend à la corruption politico-financière africaine.

Batra, R. *The Crash of Millennium : Surviving the Economic Inflationary Depression*, New York, Random House, 1999. L'économiste Batra Ravi est connu pour ses prédictions économiques qui sont souvent justes. Une nouvelle ère de paix, d'harmonie et de prospérité est possible, à condition que l'on sache que la grandeur dans une société émerge du fond abyssal de l'esprit humain.

Blumenfeld, Y. edit., *Scanning the Future : 20 Eminent Thinkers of the World of Tomorrow,* Londres, Thames & Hudson 1999. Vingt penseurs explorent le futur : physiciens, biologistes, politiciens, diplomates, hommes et femmes d'affaires, artistes, philosophes, écrivains, économistes, stratèges.

Brzezinski, Zbigniew, *The Grand Chessboard : American Primacy and its Geostrategic Imperatives,* New York, Basic Books, 1997, XIV-233 p. , cartes de géostratégie (Europe, Eurasie, etc.). Comment préserver l'hégémonie globale des U.S.A. ?

Cohen, A. , *Israel and the Bomb,* New York, Columbia University Press, 1998. Histoire des deux premières décades du programme nucléaire d'Israël, forces nationales et internationales en jeu.

Dent, Chr.-M. , *The European Union and East Asia. An Economic Relationship,* Londres et New York, Routledge, 1999. La « Triade » qui mène le monde aujourd'hui : Europe-Amérique du Nord-Pays de l'Asie de l'Est (Japon, Chine, Corée du sud, Taïwan, Hong Kong). Il existe une Association du Sud-Est asiatique (ASEAN). L'Asie et l'Europe ont des structures de coopération bilatérale ou multilatérale (ASEM, etc.)

Dent, H. S. , *The Great Boom Ahead,* New York, Hyperion, 1993, 1995. La bonne décision, à temps, requiert toute une complexité d'éléments, mais elle est salutaire et permet de tirer profit de toute les occasions favorables et même défavorables. Malgré la morosité des affaires et l'instabilité des marchés, de grands moments attendent ceux qui savent décider et risquer. De nouveaux principes éducatifs s'imposent.

Diop, C. A., *Nations nègres et culture,* Paris, Présence Africaine, 1954. Ouvrage qui est à l'origine du réveil de l'Afrique contemporaine. Renaissance Africaine : historique, culturelle, linguistique, scientifique, philosophique, esthétique.

Diop, C. A., *Les fondements culturels, techniques et industriels d'un futur État fédéral d'Afrique noire*, Paris, Présence Africaine, 1960. Renaissance Africaine : politique, économique, technologique, commerciale (marchés mondiaux). Ouvrage traduit en anglais.

Fukuyama, Fr., *Trust. The social Virtues and the Creation of Prosperity,* New York, The Free Press, 1995, 1996. La vie économique est absolument inséparable de la vie culturelle, si jamais l'économie est bien comprise. Une société ne peut se développer si elle n'a pas confiance en elle-même, en tout premier lieu.

Galbraith, J. K., *The Good Society : The Human Agenda*, New York, Houghton Mifflin C°, 1996. Les définitions idéologiques de l'économie sont aujourd'hui vétustes : libéralisme, socialisme, capitalisme. Une bonne société de paix sociale, de tranquillité et d'espoir suppose une vraie démocratie. Sur le rôle fondamental de l'éducation, voir pp. 68-74 : « The Decisive Role of Education ».

Holloway, D., *Stalin and the Bomb. The Soviet Union and Atomic Energy 1939-1956*, New Haven, Yale University Press, 1994, illustr. Informations originales fournies à l'auteur par G. Flerov (qui découvrit la fission spontanée en 1940, à l'Institut Physico-technique de Leningrad), P. Kapitsa, A. Sakharov, I. Golovin, (proche collaborateur de Kurchatov), I. Khariton, Hans Bethe, Victor Weisskopf, etc.

Hounam, P., *The Woman from Mossad. The Story of Mordechai Vanunu and Israeli Nuclear Program,* Berkeley, Frog, 1999, illustr. Le réacteur de Dimona. Le Centre de recherche nucléaire de Negev. La France, la Belgique, l'Afrique du Sud et les USA ont assisté Israël dans l'acquisition de la technologie nucléiare.

Howard, A. E. D., *Magna Carta. Text and Commentary*, University Press of Virginia, 1964, 1998 (un texte de 1215). Droit à la terre. Droits humains et Constitution.

Krugman, P. , *The Age of Diminished Expectations,* The MIT Press, édit. de 1997. Crises et sursauts de l'économie américaine et le reste du monde.

Lewis, J. W. et Litai, X., *China builds the Bomb*, Stanford, Stanford University Press, 1988, illustr. Publication du Centre pour la Sécurité internationale et le Contrôle des armes de l'Université de Stanford, Californie.

Makgoba, N. W., editor, *African Renaissance. The New Struggle*, Cap Town, Mafube, 1999; texte du président Thabo Mbeki.

Ohmae, K., *The End of Nation State. The Rise of Regional Economies*, New York, The Free Press 1995.Comment le capital, les multinationales, les consommateurs et la communication remodèlent d'une manière globale les marchés.

Perkovich, G., *India's Nuclear Bomb. The Impact on Global Proliferation*, Berkeley, University of California Press, 1999, illustr. Sur le programme nucléaire de l'Inde, des origines à nos jours.

Rabinbach, A., *In the Shadow of Catastrophe. German Intellectuals between Apocalypse and Enlightenment*, Berkeley, California University of Press, 1997.

Messianisme juif allemand. Important pour l'histoire de la pensée au XXe siècle.

Rhodes, R., *Dark Sun. The Mark of the Hydrogen Bomb*, New York, Touchstone Edition, 1995, 1996, illustr. Un ouvrage du même auteur porte sur la bombe atomique américaine qui fut jetée sur Hiroshima et Nagasaki en août 1945.

Ryan, M. P., *Civic Wars. Democracy and Public Life in the American City during the Nineteenth Century*, Berkeley, California University of Press, 1997, 1998. Guerres civiles dans les villes de New Orleans, New York et San Francisco dont les rues étaient devenues des espaces de créativité politique et de lutte politique pour la démocratie au cours du XIXe siècle.

Toffler, A., edit. , *Learning for tomorrow*. The role of the future in education, New York, Vintage Books, 1974. Pas d'éducation viable sans image du futur, et toute éducation sérieuse crée des images du futur.

Wallerstein, I., *The Essential Wallerstein*, New York, The New Press, 2000. L'humanité s'achemine vers un autre système d'histoire, celui de la libération qui requiert un multidialogue au niveau mondial. C'est l'« utopie » d'Immanuel Maurice Wallerstein, historien et analyste du futur, acquis à l'historiographie de Fernand Braudel.

Weinreich, M. (1894-1969), *Hitler's Professors. The part of scholarship in Germany's Crimes against the Jewish People,* Yale University Press, 1996 (1re édition 1946). Des intellectuels allemands ont activé la foi teutonique germanique; ce tribalisme a conduit au nazisme hitlérien. La science tribale qui souligne les « valeurs » tribales est pire que le tribalisme nu : on tend à « séparer » sa tribu pure et sainte du reste de la nation.

X..., *The Evolving global economy. Making sense of the new world order,* Haward Business Review Book, 9e édition, 1995 (1re édit. 1985). Ouvrage collectif par une vingtaine d'auteurs, avec la préface de Kenichi Ohmae, l'un des gourous du business japonais.

TABLE DES MATIÈRES

PLANCHES HORS-TEXTE

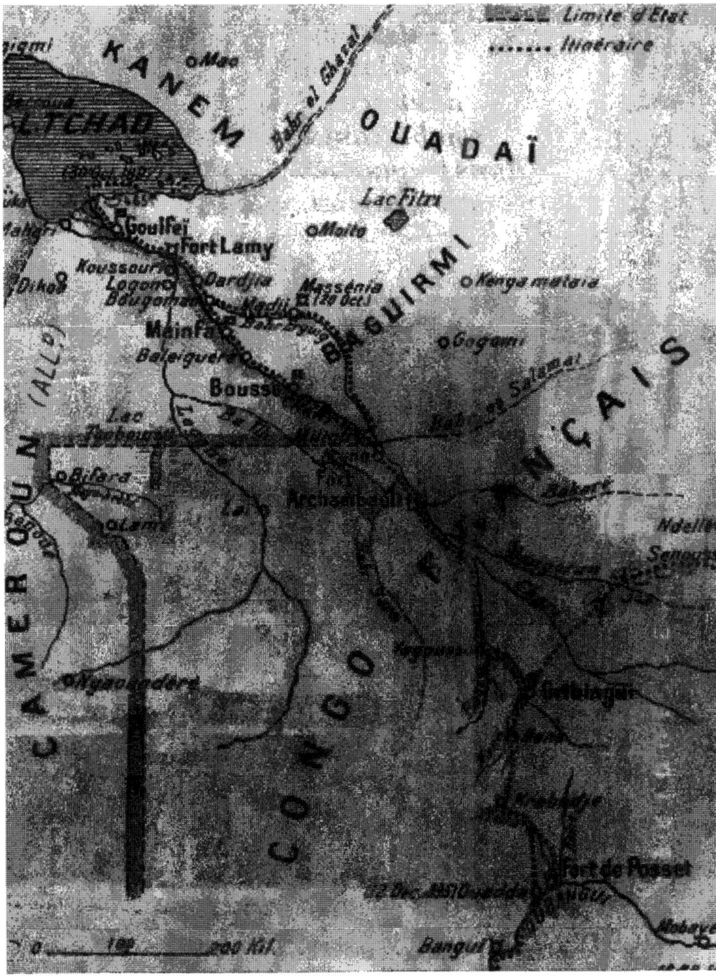

Carte 1. – Quand le Congo français s'étendait jusqu'au Lac Tchad, avant l'Afrique Équatoriale Française (AEF) qui comprenait les territoires coloniaux suivants : Tchad (capitale Fort-Lamy, aujourd'hui Ndjamena), Oubangui-Chari (aujourd'hui République Centrafricaine, capitale Bangui), Gabon, (capitale Libreville) et Moyen-Congo (aujourd'hui République du Congo). La capitale du Moyen-Congo était Pointe-Noire. Brazzaville était la capitale de l'AEF. Le Congo-Brazzaville est une création territoriale, administrative et politique française : il faut en faire maintenant une Nation, un État moderne, une République, avec pas moins de 52 groupes ethniques ou tribaux, souvent dans l'ignorance des uns et des autres. La lutte n'est donc pas de détruire le peu qui existe, mais de bâtir une communauté nationale dans un État de droit.

Carte 2. – La République du Congo et ses 10 régions administratives : Kouilou, chef-lieu Pointe-Noire ; Niari, chef-lieu Loubomo (Dolisie) ; Lekoumou, chef-lieu Sibiti (Ibiti) ; Bouenza, chef-lieu Madingou ; Pool, chef-lieu Kinkala ; Plateaux, chef-lieu Djambala ; Cuvette, chef-lieu Owando (ex-Fort-Rousset) ; Cuvette-Ouest, chef-lieu Ewo ; Sangha, chef-lieu Ouesso ; Likouala, chef-lieu Impfondo. Les partis politiques sont essentiellement « régionaux » ou « tribaux », avec peu de couverture trans-régionale, trans-ethnique, trans-tribale, c'est-à-dire, d'un mot, une envergure nationale. De ce fait, la nation congolaise en tant que telle n'est pas bien perçue au niveau des partis comme une entité au-dessus de tous les partis politiques réunis. Chaque parti politique se croit, tout seul, au-dessus de tout le Congo. Les partis ont l'art de se détruire les uns les autres, et non d'essayer de coopérer pour le bonheur de la communauté nationale.

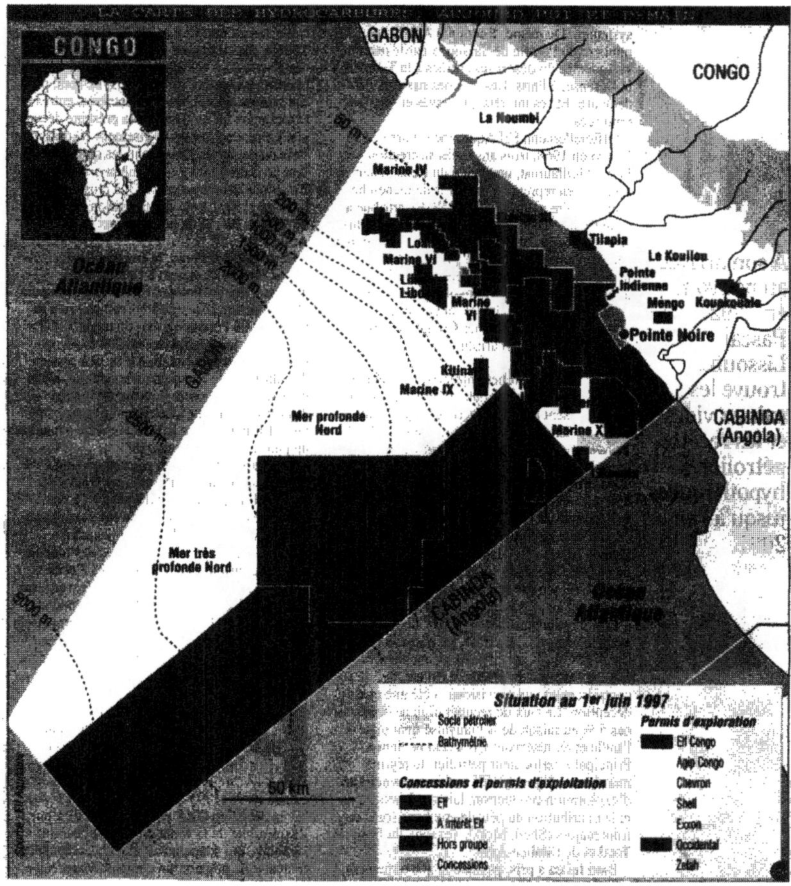

Carte 3. – Le pétrole du Congo. Sur les 60 % de la production de ELF provenant d'Afrique, aujourd'hui 11 % seulement sont réalisés au Congo, contre 22 % au Gabon, 15 % au Nigeria, 10 % en Angola et 2 % au Cameroun. Mais, dans les années à venir, à cause des gigantesques champs de Nkossa et Kitina (et d'autres à découvrir), le Congo sera à coup sûr la première source des hydrocarbures produits par ELF (privatisée en 1993). Le Congo aura d'énormes moyens financiers pour son développement, si la politique arrête la violence sanglante destructrice.

Fig. 4. – Terminal pétrolier de Djeno : les autres s'intéressent, presque uniquement, au pétrole et aux pétro-dollars congolais, tandis que les habitants du Congo-eux-mêmes, consciemment ou inconsciemment, détruisent leur beau pays par d'éternelles guerres civiles meurtrières et totales : chemin de fer détruit, usines de cimenterie, de sucrerie et de foresterie détruites, ponts et ouvrages complexes détruits, écoles, infirmeries, hôpitaux et maisons ou cases administratives détruits, villages et hameaux détruits, du Djoué à Loubomo, en passant par Mindouli, Nkayi, Kidamba, etc. Les élevages sont également détruits, de même que les arbres fruitiers. Les femmes, banalisées dans leur corps, leur sexe, leur pudeur, sont violées, détruites, sauvagement. Rien ne résiste à la fureur : églises, temples, etc. On veut le pouvoir. Rien de moins, rien de plus. Le Congo peut être anéanti pour cela.

Monsieur Afrique d'Elf

Tarallo, l'homme qui détient les secrets du groupe pétrolier

Fig. 5. – M. André Tarallo, surnommé « Monsieur Afrique Elf », vient de révéler, le 27 juin 2000, aux juges chargés de l'affaire Elf », la corruption à propos du marché du brut : 420 millions de francs français (soit 42 miliards de F CFA) détournés chaque année depuis 20 ans ; la caisse noire d'Elf passe par l'Afrique et le Liechtenstein ; bien d'autres témoignages, fort troublants, peuvent émerger de cette affaire Elf, démarrée en 1996. Dans les années 90, Elf commercialisait 50 à 60 millions de barils par an avec le Gabon, 30 millions avec l'Angola, 20 millions avec le Nigeria, *30 millions avec le Congo* et 5 millions avec le Cameroun, d'après les détails fournis aux juges par André Tarallo, qui sait parfaitement de quoi il parle. Des interlocuteurs africains s'étaient opposés à ce que Alfred Sirvenn prenne la place d'André Tarallo. Il est révélé qu'Alfred Sirven a crée de nouvelles sociétés offshore.
Sources : Laurent Valdiguié, article dans « Aujourd'hui en France », édition nationale du « Parisien », mardi 11 juillet 2000.

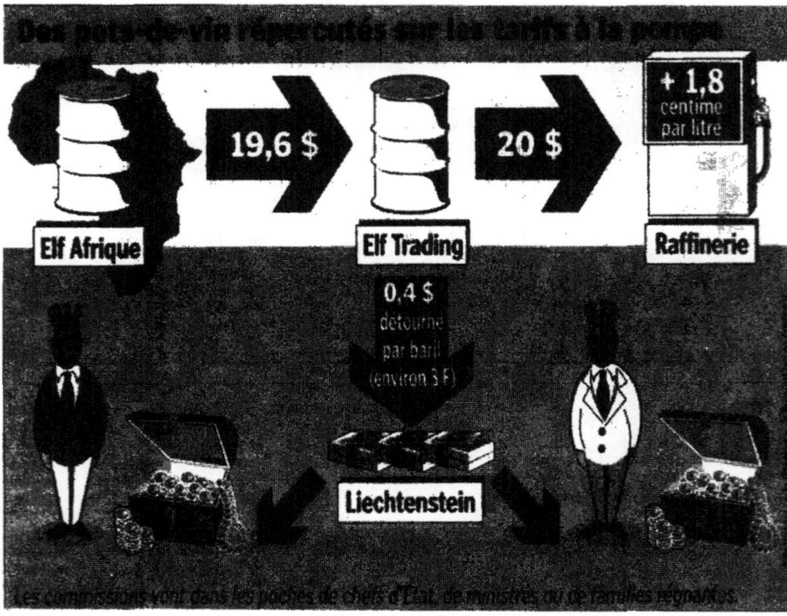

Les circuits de la corruption

Fig. 6. – *Source :* « Aujourd'hui en France », édition nationale du « Parisien », 11 juillet 2000. L'affaire Elf, en France, a commencé en 1996. Le 27 juin 2000, André Tarallo, énarque (promotion Vauban), surnommé « Monsieur Afrique d'Elf », a révélé, sur procès-verbal, l'existence d'une corruption gigantesque dont les circuits, obscurs, complexes, sont figurés ci-dessus. Il s'agit d'un système financier occulte qui n'échappait pas au président d'Elf. Des montages financiers sophistiqués sortent du circuit environ 3 francs français (soit 300 F CFA) par baril. Les fonds extraits du circuit normal sont ensuite virés, à partir des sociétés offshore, au Liechtenstein. C'est une tradition de longue durée qui est « bénéfique » à cause de son opacité et de ses secrets. Les 3 FF par baril atterrissent dans les poches des bénéficiaires dont la liste est fournie par les autorités des pays producteurs : Chef d'État, ministres, familles régnantes. Dans les années '90, 420 millions de FF étaient versés, par an, en Afrique, via le Liechtenstein.

Fig. 6*bis*. – Grumes énormes de la forêt congolaise, une richesse presque inépuisable. La forêt, qui couvre 60 % du territoire congolais, est la seconde richesse du pays, après le pétrole. En 1982, cette forêt a donné :
Grumes : 460 000 m^3 dont 167 000 m^3 exportés
Sciages : 43 100 m^3
Déroulés : 78 000 m^3.

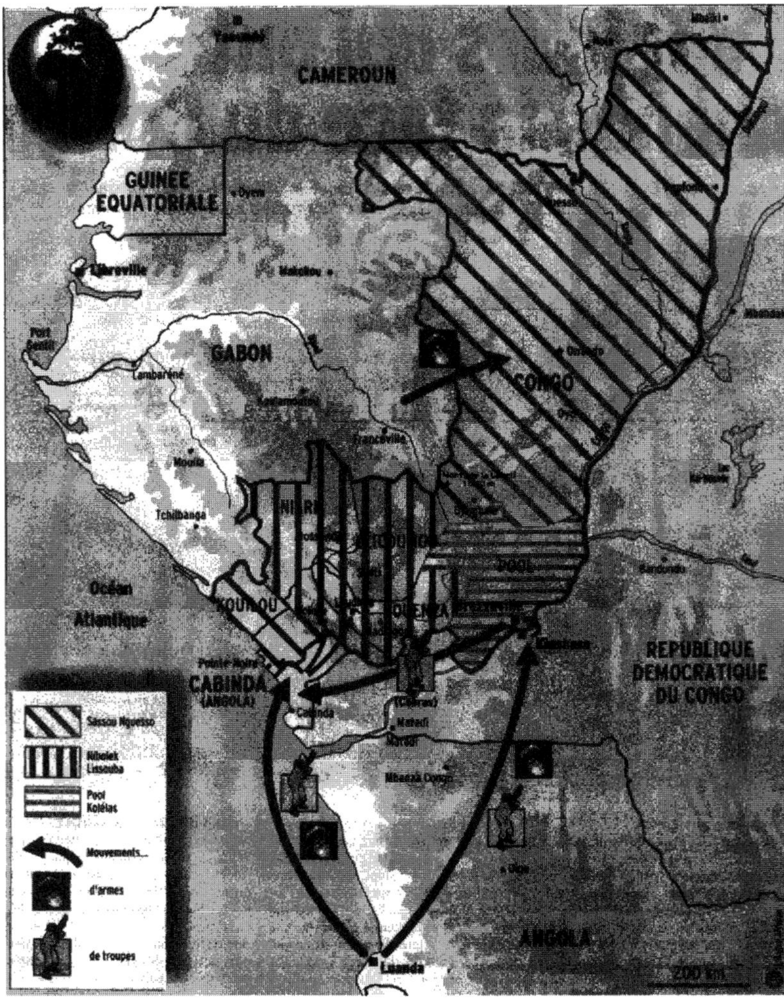

Fig. 7. – Forces, mouvements d'armes et de troupes de la guerre civile du 5 juin 1997 qui a causé la mort à au moins 15 000 personnes civiles. Les destructions matérielles sont immenses, les destructions sociales et psychologiques sont également considérables. En visite à Luanda (le 30 juin 1998), le Président Jacques CHIRAC avait exprimé sa satisfaction pour l'intervention militaire angolaise au Congo en guerre civile.

Fig. 8. – Corps fendus par des balles « aveugles », trous peu profonds, croix par instinct sur les mottes de terre : le Congo a enterré à la hâte ses morts lors des guerres civiles longues et meurtrières, notamment celle du 5 juin 1997. De tous les leaders politiques, seul le Président Denis Sassou Nguesso a demandé pardon au peuple. Tous les autres leaders dissertent plutôt sur le « dialogue », la « reconstruction », etc. Les morts sont morts et oubliés. On veut sa place au terme du dialogue et des palabres. La mémoire politique collective congolaise est très courte. Un poète congolais : « Leurs tombes verdissent le sol du pays. Elles nourrissent son immobile élan ». (Eugène Ngoma, « Le cycle D'Ondongo », dans Marie-Léontine Tsibinda, édit., *Moi, Congo ou les rêveurs de la souveraineté,* Jouy-Le-Moutier, Bajag-Meri, 2000, p. 48).

Fig. 9. – Il faut multiplier par mille fois mille de telles ruines dues aux récentes guerres civiles congolaises. Un ouvrier congolais met presque 30 ans de travail pour acheter un terrain, le lotir et y bâtir une ordinaire maison pour lui et sa famille, à la veille de la retraite. Imaginez le désespoir, immense, de milliers d'hommes et de femmes, à cause des rivalités politiques qui tournent à des paranoïas collectives sanglantes. La politique doit donner l'espoir et non la désespérance dans une nation qui ambitionne la vie publique démocratique et républicaine. Le peuple attend toujours le pardon politique, du fond des cœurs, et non du bout des lèvres. Un sincère pardon est signe d'humilité et de courage, de responsabilité et d'honneur. La démocratie est plus que le processus électoral nu, sans motivation humaine, sans responsabilité culturelle, sans élévation spirituelle, sans grandeur politique.

Fig. 10. – Le feu, le sang, la mort, le corps mutilé, la vie abîmée, la dignité humaine spoliée : une classe politique entière ne peut pas s'offrir le luxe d'un tel bilan misérable. Il faut commencer par le pardon en tant que vertu politique, avant de dialoguer, de réconcilier, de reconstruire, en se promettant de ne plus jamais détruire son propre effort de développement. Le Congo cherche et recherche la démocratie et non la mort brutale de ses propres habitants. Le mal est le mal. Il est indécent d'attribuer toujours la faute aux autres. Un autre poète congolais : « J'ai tant marché/De cette marche de ceux qui songent/J'ai tant pleuré de ce pleur/ De ceux qui ne savent plus ». (Dominique Ngoïe-Ngalla, « La longue marche », in M.-L. Tsibinda, *op. cit.*, p. 111).

Brazzaville, camp du 15 Août. Des miliciens Ninjas fraîchement ralliés écoutent les instructions du colonel Goma de la Force publique.

Fig. 11. – A la suite de l'amnistie du 15 août 1999 offerte aux groupes armés : « Deux cents Ninjas qui s'étaient réfugiés en République démocratique du Congo ont ainsi repassé la frontière et se sont rendus. Nous les avons installés à Brazzaville, au camp du 15 août... » (Sassou, *Ma Vérité,* propos recueillis par François Soudan, in « Jeune Afrique », n° 2022, du 12 au 18 octobre 1999, p. 22.

Fig. 12. – Pétrole, guerre civiles, destructions massives de la vie et des attentes : la paysanne congolaise subit, résignée, violée, brûlée, poignardée dans son avenir : « Espérer de meilleures récoltes/De meileures routes/Espérer de meilleurs démocraties » (Clarisse Pereira-Palhinas, « Espérances », in M.-L. Tsibinda, *op. cit.,* p. 158). Cette photo représente une paysanne du Niari. De 1992 à 1997, les emprunts gagés faits par le gouvernement auprès des compagnies pétrolières atteignent la somme totale de 357 milliards de F CFA, dont le remboursement se fera jusqu'en l'an 2004 : la condition paysanne, rurale, est restée inchangée !

Fig. 13. – Abbé Fulbert Youlou (1917-1972), président de la République du Congo, de 1959 à 1963, avec Jacques Foccart, longtemps « patron » des Affaires africaines à l'Élysée, notamment sous le Général de Gaulle. Méditons ces phrases de Youlou : « Il me suffisait de donner aux forces armées en place l'ordre de tirer, pour que je pusse me maintenir au pouvoir ; mais hélas, c'eût été au prix des vies humaines. C'est ce que, en ma qualité d'homme conscient et respectueux de la vie humaine, je ne m'étais pas permis de faire ». (Fulbert Youlou, *J'accuse la Chine,* Paris, Stock, 1966, p. 212). Pouvoir politique suppose conscience humaine et respect de la dignité humaine : aucun pouvoir politique normal, démocratique, n'est au-dessus de la vie humaine. Le Congo est toujours à la recherche de ces valeurs politiques : conscience politique, responsabilité et respect de toute vie humaine, quoi qu'il puisse en coûter.

Fig. 14. – Le premier commandant en chef des Formes Armées Congolaises (FAC), le Commandant David Mountsaka, entouré du Commandant Ebadep (à gauche) et du Capitaine Mouzita. Le Commandant David Mountsaka, alors Chef d'État-major, reçut la démission écrite du Président Fulbert Youlou lors des mouvements politiques et syndicaux d'août 1963. David Mountsaka, militaire bien discipliné et patriote, a toujours été considéré comme un homme de pondération, de mesure, de bon sens, d'équilibre physique, moral et spirituel. Le Président Marien Ngouabi avait tenu à augmenter ses ficelles, respectueux de son « comportement » militaire exemplaire : il fut fait Colonel des Forces Armées Congolaises, pendant qu'il était Directeur général de l'Imprimerie nationale.

Fig. 15. – Le Président Alphonse Massamba-Debat (1921-1977), président de l'Assemblée nationale de 1959 à 1961, président de la République du Congo de 1963 à 1968. Son épouse, Marie Massamba-Debat, née Nsona, mourut à Paris le 14 octobre 1993 : le Gouvernement congolais ramena officiellement la dépouille mortelle de la défunte au pays natal. Les enfants du Président Massamba-Debat ont publié un recueil de poèmes de leur père, à titre posthume. On ignore toujours, jusqu'ici, le lieu exact de la sépulture du Président Massamba-Debat. L'histoire congolaise voudrait le savoir, à juste titre.

Fig. 16. – Le 3e anniversaire du Parti (Mouvement national de la révolution, MNR) fut essentiellement marqué par un discours de doctrine politique et de réorientation idéologique prononcé par le « frère » Alphonse Massamba-Debat que l'on voit sur cette photo en train de scander la devise du MNR : « Un seul peuple, un seul parti, un seul idéal, un seul combat », à la fin de son allocution. Cette devise, en dépit de ses merveilleuses intentions, est la traduction brutale de la monoculture politique « révolutionnaire ». Massamba-Debat a suivi un courant de pensée, malgré lui, malgré ses profondes convictions personnelles et religieuses. On lui reprochera par la suite son « socialisme bantou », franchement opposé au « socialisme scientifique ». Le « noyau révolutionnaire dur » ne tolèrera pas longtemps le président Massamba-Debat.

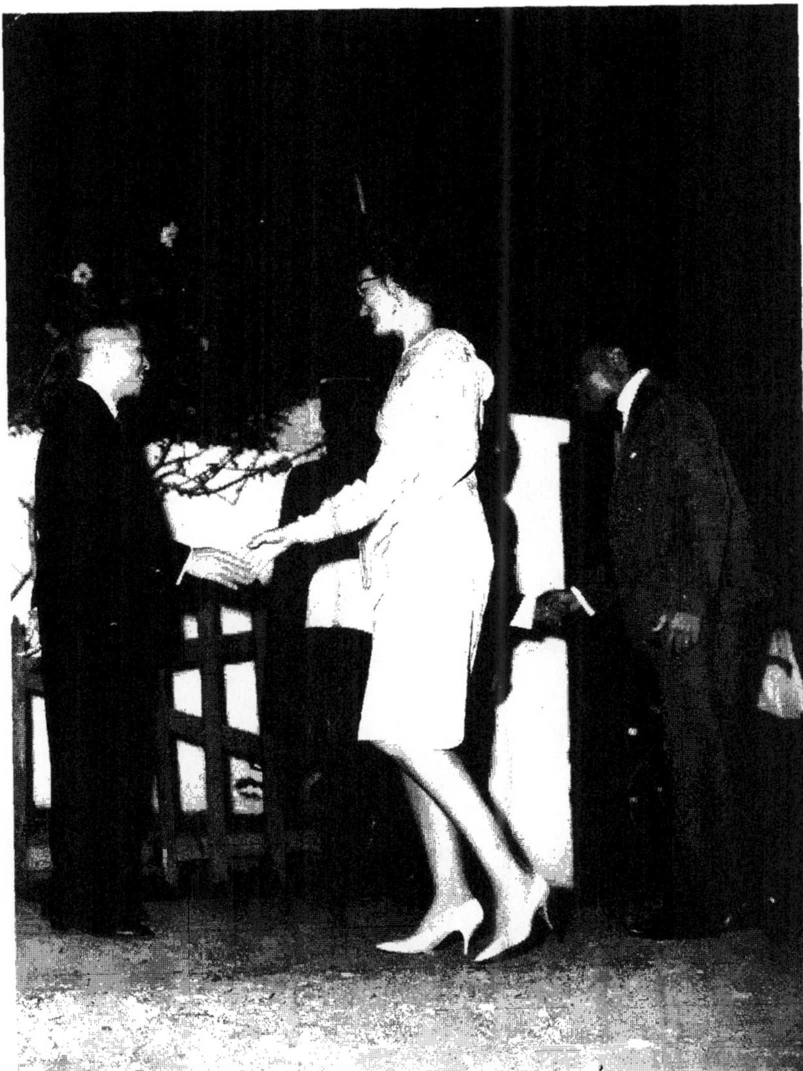

Fig. 17. – Pascal Lissouba, universitaire, fut Premier ministre du gouvernement, sous le Président Massamba-Debat, de 1964 à 1966. Il est ici accompagné de sa première épouse, Annette Lissouba. Le couple a eu plusieurs enfants.

Fig. 18. – Ambroise Noumazalaye (études en mathématiques à l'Université de Toulouse, France), Secrétaire général adjoint du Mouvement national de la révolution (MNR) – en fait le « patron » réel de ce parti de masse – fut nommé Premier ministre de 1966 à 1968.

Fig. 19. – Le Général Alfred Raoul (alors Capitaine), premier Congolais à être admis à Saint-Cyr par voie de concours (« Corniche »), à gauche, en train de serrer la main à Me Aloïse Moudileno Massengo. Alfred Raoul fut nommé, en 1968, secrétaire à la Défense du Conseil national de la révolution (CNR), Premier ministre jusqu'en décembre 1971.

Fig. 20. – Stéphane Bongho-Nouarra, ingénieur, fut ministre des Travaux Publics, ministre de l'Agriculture, condamné à une peine de 10 ans pour avoir « comploté » *(sic)* contre le gouvernement, exilé en France, Premier ministre en 1992 sous la présidence de Pascal Lissouba.

Fig. 21. – Me Aloïse Moudileno Massengo, Justin Lekoundzou Itihi Ossetoumba et, en arrière-plan, Anatole Kondhot, en train de passer les troupes en revue. La tenue « mao » est à la mode, Révolution prolétarienne oblige. Anatole Kondhot fut secrétaire général du syndicat unique, la Confédération syndicale congolaise (CSC), pour de nombreuses années, de 1969 jusqu'en mars 1976 lors de la grève contre Marien Ngouabi. Jean-Michel Bokamba Yangouma fut secrétaire général de la CSC de 1978 à 1991, Premier vice-président du Conseil Supérieur de la République pendant la transition (1991-1992), Mgr Ermest Kombo, évêque d'Owando, étant le Président de cet organe.

Fig. 22. – Claude-Ernest Ndalla dit « Graille », études supérieures à Toulouse (mathématiques) et à Moscou (Physique), fut nommé, en avril 1965, secrétaire d'État à la Présidence chargé de la Jeunesse et de l'Éducation civique. Il est l'un des fondateurs du Parti Congolais du Travail (PCT) dont il fut le premier secrétaire en 1969.

Fig. 23. – Le Président Marien Ngouabi, premier commandant de la troupe des parachutistes, arrêté en 1968, puis libéré, fut Président de la République Populaire du Congo, de 1968 à 1977. Il fut assassiné le 18 mars 1977, en début d'après-midi. Voir Th. Obenga, *La vie de Marien Ngouabi 1938-1977,* Paris, Présence Africaine, 1977, nombr. illustr. En arrière-plan, Pierre Nzé, Membre du Directoire du Conseil National de la Révolution (CNR), grand leader du Parti Congolais du Travail de 1969 à 1975, ancien ministre (Affaires Étrangères, Information, Justice, etc.) ; et David-Charles Ganao, de 1963 à 1966, ministre des Affaires Étrangères, ambassadeur aux USA ; il fut nommé, en septembre 1996, Premier ministre, sous la présidence de Pascal Lissouba.

Fig. 24. – Auxence Ickonga, ministre de l'Équipement en 1969 ; ambassadeur du Congo à Paris ; ministre des Affaires étrangères : il est ici accueilli à Kinshasa, dans le cadre de l' « affaire Mulele ». En 1989, Auxence Ickonga est Président de la Commission du contrôle d'État. Sa mort fut subite, à l'Hôpital général de Brazzaville.

Fig. 25. – Quelques membres dirigeants du Parti congolais de travail (PCT) : Christophe Moukoueke, ministre de l'Éducation Primaire et Secondaire en décembre 1971, membre du Comité central du PCT. Depuis, il est secrétaire général de l'Union Parafricaine pour la Démocratie sociale (UPADS), décembre 1995; Aurélien Bongouandé, devant le micro; Charles-Maurice Sianard, membre du Comité central du PCT en 1972, ministre de l'Information, des Postes et Télécommunication (1972), à droite de Bongouandé. En arrière-plan, le colonel François-Xavier Katali (derrière Sianard), membre du Comité central du PCT (1972), ministre des Eaux et Forêts (1973), Intérieur (1977-1984), Agriculture 1984-1986). Sa mort brusque eut lieu en 1986. Avec Auxence Ickonga, Katali est enterré dans l'enceinte abritant le mémorial Marien Ngouabi.

Fig. 26 – Claude-Alphonse Empana, docteur en médecine (France), ministre de la Santé de 1972 à 1976, à gauche, et Laurent Mann, à droite, ministre de l'Information de 1973 à 1976, préfet de la Lékoumou, plusieurs postes à l'étranger, et décédé depuis, entourent Auguste Batina, ministre de l'Enseignement primaire et secondaire. Le Dr Claude-Alphonse Empana s'est depuis installé en France.

Fig. 27. – De gauche à droite : Dieudonné Miakassissa, leader syndicaliste, directeur de la Caisse Nationale de Prévoyance Sociale, Président de l'Assemblée nationale de juillet 1973 à décembre 1974 (membre du Bureau Politique du PCT sans être membre de ce parti) ; Charles Ngouoto, secrétaire du Conseil national de la révolution chargé des finances et matériel (1968), ministre de la Santé (1970) et membre du Comité central du PCT ; membre du Bureau Politique (1972), ministre de l'Agriculture (1973), directeur général de l'Agence Transgongolaise de Communication (1975) ; Pierre Nze MBA, directeur du journal du parti (*Etumba*, « La lutte »).

Fig. 28. – Alphonse Mouissou Poaty, Président de l'Assemblée nationale populaire en 1974; ministre du Travail et Garde des Sceaux, de 1977 à 1979; membre du Comité central du Parti congolais du travail (PCT) de 1979 à 1984.

Fig. 29. – Ange-Édouard Poungui, président de l'Union Générale des Élèves et Étudiants Congolais (UGEEC); membre du Conseil national de la révolution (CNR) en juillet 1968; de 1969 à 1990, membre du Comité central du PCT dont il fut membre du Bureau Politique (de 1972 à 1975, de 1979 à 1990; ministre du Budget et Finances (1971), Premier ministre de 1984 à 1989. En 1989, il fut nommé Président du Conseil économique et social. Dirige un parti politique depuis la Conférence nationale souveraine (1991).

Fig. 30. – Jean-Jules Okabando, ancien membre de la Jeunesse du Mouvement national de la révolution (JMNR), membre du Comité central du PCT en 1972. Premier secrétaire de l'Union de la Jeunesse socialiste congolaise (UJSC) ; participe activement à la grève de 1976 (dirigée par Anatole Kondhot). Membre du Bureau politique (1979). Il fut maire de Brazzaville de 1984 à 1990.

Fig. 31. – André Obami Itou, membre du Comité central du PCT en 1972. Il fut président de la Commission de Contrôle et de Vérification en 1984, et, en 1987, secrétaire du Comité central chargé de l'Organisation du PCT. En 1989, il est chargé des Relations extérieures au Bureau politique du PCT. Obami Itou fut aussi préfet de la Région du Pool, chef-lieu Kinkala.

Fig. 32. – Henri Lopes, universitaire et romancier, président de la Cour révolutionnaire de Justice (1973), membre du Comité central et du Bureau Politique du PCT. Plusieurs fois ministre : Éducation nationale (1969), Affaires étrangères (1971), Premier ministre (1973-1975), Finances (1977 à 1984) ; ancien Directeur général adjoint de l'UNESCO (Paris), depuis ambassadeur du Congo à Paris et au Vatican (1978). Ici, sur cette photo, il est reçu à l'Élysée par le Président Valéry Giscard d'Estaing, président de la République française de 1974 à 1981.

Fig. 33. – Vital Balla en train de prononcer un discours en sa qualité de président de l'Association congolaise de l'amitié entre les peuples (ACAP) ; en arrière-plan, se trouve Nicodème Ekamba Elombe, syndicaliste, président de la Commission de l'Organisation et de la Propagande du Parti congolais du travail (PCT) de 1971 à 1973 ; il fut aussi commissaire national de la Milice ouvrière. Le corps diplomatique des « progressistes » (URSS, Cuba, RDA, etc.) entoure les deux hommes politiques congolais. Vital Balla est réputé pour sa sagesse politique, sa perspicacité dans l'analyse des événements : il a été souvent consulté pour diriger des comités et commissions de « réconciliation » politique.

Fig. 34. – Comité militaire du parti (CMP), de gauche à droite : colonel Denis Sassou Nguesso, Premier Vice-président; général Joachim Yhombi Opango, président de la République (de 1977 à 1979), colonel Louis Sylvain-Goma, 2e Vice-Président. Au fond, derrière le colonel Sassou Nguesso, le capitaine Pierre Anga. Le Comité militaire du parti comportait onze membres, tous des soldats de métier.

Fig. 35. – Le général Joachim Yhombi Opango et le colonel Denis Sassou Nguesso en train de recevoir des ovations de la foule. Parmi les militaires qui les encadrent, on compte beaucoup de militaires d'origine cubaine. On voit également l'épouse du général Yhombi Opanbo, Mme Marie-Noëlle Yhombi Opango, née Ngolo.

1er mai à Brazzaville

Fig. 35*bis*. – Denis Sassou Nguesso, président de la République populaire du Congo, et Jean-Michel Bokamba Yangouma, secrétaire général de la Confédération Syndicale Congolaise (CSC), assistent à un défilé du 1er mai à Brazzaville, en 1982. Entre le Président Sassou et Bokamba Yangouma, on aperçoit le syndicaliste Alphonse Ondonda.

Fig. 36. – Conférence nationale souveraine (1991), de gauche à droite : Martial Ikounga, universitaire, secrétaire d'État à la Science et Technologie pendant la Transition (1991-1992), ministre de l'Éducation nationale et de la Recherche après avoir été directeur de Cabinet du Président Pascal Lissouba ; Clément Mouamba, grand économiste et financier, ancien directeur de banque, membre du Comité central du PCT, conseiller financier du Président Denis Sassou Nguesso (avant la Conférence nationale souveraine), ministre des Finances de P. Lissouba ; François Bita, ancien directeur du service de la statistique, ministre du Plan (1977), ministre des Transports et de l'Aviation civile (1989), directeur de banque ; Augustin Poignet, futur Président du Sénat. Ils sont tous natifs de la Région de la Lékoumou, chef-lieu Sibiti.

Fig. 37. – Conférence nationale souveraine (1991) : rangée des personnalités, de gauche à droite : Henri Lopes, Alfred Raoul, Augustin Poignet et David-Charles Ganao.

Fig. 38. – André Milongo, économiste, financier, réputé pour son orthodoxie en matière de politique financière, fut directeur du Trésor Public (1964-1969), administrateur auprès de la Banque mondiale ; fut élu Premier ministre à l'issue de la Conférence nationale sopuveraine ; de 1991-1992 : Premier ministre, Chef du gouvernement, ministre de la Défense, ministre des Mines et Énergie ; président de l'Assemblée nationale (jusqu'en 1997) ; leader du parti « Mwinda ».

Fig. 39. – Bureau du Sénat : de gauche à droite, Jean Mbikina (finances), Lazare Maganga (1er secrétaire), Yayos Guindo (ancien ministre des Travaux publics, des Postes et Télécommunications), 1er vice-président; Augustin Poignet, président; Jean-Pierre Makouta-Mboukou, universitaire, 2e Vice-Président; François Itoua (études universitaires jusqu'à la maîtrise), 2e secrétaire; Batheas-Mollomb, universitaire, questeur.

Fig. 40. – Président du Sénat congolais, Augustin Poignet, capitaine retraité du corps des aviateurs de l'Armée Française ; il fut nommé Secrétaire d'État chargé de la Défense en janvier 1968. Il assuma les charges et prérogatives de Chef d'État, lors de la crise de juillet 1968, suite à la démission du Président Alphonse Massamba-Debat. En août 1968, il fut nommé ministre de la Défense. Il partit en exil, de 1973 à 1989. Président du Sénat (1992-1997), Poignet fit preuve de pondération, de grande sagesse, évitant les excès politiques. Il ne fut pas toujours écouté.

Fig. 41. – Bernard Kolelas, considéré comme le symbole de la résistance au marxisme-léninisme-maoïsme congolais, fut emprisonné plusieurs fois pour ses « implications » dans des coups d'État. Il est le leader du MCDDI. Il fut maire élu de Brazzaville, et fut nommé Premier ministre (1997).

Fig. 42. – Le maire de Brazzaville, Bernard Kolelas, et le maire de Pointe-Noire, Jean-Pierre Thystere Tchicata, en conversation politique : c'est le dialogue qui manque tant aux hommes politiques congolais.

Fig. 43. – Le Président Pascal Lissouba, à table, avec son épouse, Mme Jocelyne Lissouba, Guadeloupéenne.

Fig. 44. – Le Président Pascal Lissouha et sa directrice de cabinet, Mme Claudine Munari. Lissouba fut Président de la République de 1992 à 1997. L'histoire retiendra, objectivement, que son régime fut marqué par deux guerres civiles. En histoire, tout ce qui arrive sous un régime relève de la responsabilité historique de ce régime : on ne peut pas attribuer au Président du Congo de l'an 2100 les faits des années '90 que le Congo vécut dans la violence sanglante.

Fig. 45. – Le Président Denis Sassou Nguesso regagne Brazzaville à partir d'Oyo, entouré de quelques officiers de l'Armée congolaise, parmi lesquels le colonel, puis général Yves Motando. Gérard Bitsindou est devant le Président Sassou, en plan décalé. Fin octobre 1997.
Denis Sassou Nguesso est un homme politique résolu, déterminé, hardi, ferme dans ses projets, décidé : ce n'est pas un rêveur en politique même s'il donne souvent l'impression d'être hésitant, – simple tactique, le temps de réfléchir et de décider résolument. Il sait, mieux que la plupart des leaders politiques congolais, ce qu'il veut exactement. Le goudronnage de la route Etsouali-Obouya est dû à sa détermination volontaire, de même que celui de la Vasière dans la Likouala. Homme de volonté et de décision, Sassou sait que la politique est un rapport de forces, et non quelque chose qu'il faut aborder avec un ton badin. Sassou croit à la raison d'État dont l'objectif est le développement.

Fig. 46. – Le Président Jacques Chirac et le Président Denis Sassou Nguesso en conversation sur les marches de l'Élysée, lors de la visite du Président congolais en France, du 16 au 21 décembre 1997.

Fig. 47. – Le Président Denis Sassou Nguesso en conversation avec les ministres Paul Kaya et Isidore Mvoumba : Paul Kaya, économiste réputé, s'occupait des questions économiques au sein du gouvernement, tandis que Isidore MVOUMBA dirigeait alors le Cabinet du Chef de l'État.

Fig. 48. – De gauche à droite : Mme Jeanne Dambenzet, ministre du Travail, Mme Antoinette Sassou Nguesso, épouse du Chef de l'État, et Mme Aimée Gnali Mambou, ministre de la Culture.

Fig. 49. – Ambroise Noumazalaye, prêt à prononcer un discours, à la veille du Forum national pour la Réconciliation, l'Unité, la Démocratie et la Reconstruction du Congo, du 5 au 15 janvier 1998. Le ministre Firmin Ayessa était chargé de l'organisation de ce Forum. Un Comité de 125 experts avait été mis en place par décret présidentiel.

Fig. 50. – Jean-Pierre Thystère Tchicaya, Professeur d'Université, leader du Rassemblement pour la Démocratie et le Progrès Social (RDPS). De 1979 à 1984, le Professeur Jean-Pierre Thystère Tchicaya fut le numéro 2 du régime, après le Président Denis Sassou Nguesso.

Fig. 51. – Justin Koumba, président du Conseil National de Transition, formé à la mi-janvier 1998, à l'issue du Forum National pour la Réconciliation, l'Unité, la Démocratie et la Reconstruction du Congo. Ce Forum avait rassemblé 1 421 délégués : partis politiques, Administrations publiques, Cour suprême, sociétés savantes, organisations non gouvernementales, confessions religieuses, syndicats, force politique, élèves, étudiants, paysans, ouvriers, retraités, sans-emploi, sinistrés des deux guerres.

Fig. 52. – Jean-Marie Tassoua, ministre, président du Rassemblement démocratique du peuple congolais (RDPC) : « Franchement, avec 3 petits millions d'habitants, 15 000 tonnes de pétrole, 20 millions d'hectares de forêts, une terre fertile, de l'or, du diamant, de l'eau à tour de bras, vraiment, je n'en connais pas d'autres pays comme le nôtre. Pourquoi, diable, au nom de notre égoïsme primaire, devons-nous le sacrifier ? » (J.-M. Tassoua, p. 4 de « La Semaine Africaine », n° 2261, du jeudi 8 juin 2000).
C'est courageux de reconnaître que le mal politique congolais réside dans *L'égoïsme primaire* de la classe politique de toutes les générations politiques depuis l'Indépendance du Congo. L'amour du Congo, la générosité, le sacrifice, le respect des générations à venir, voilà ce qui devrait désormais motiver la politique congolaise : est-ce possible ?

Fig. 53. – Saturnin Okabe, Inspecteur en chef des Douanes en 1964, ministre des Finances (1973), Commerce et Industrie (1975) et Industrie et Tourisme (1977), cadre réputé pour sa compétence et son intégrité professionnelle, actuellement Président du Rassemblement pour la démocratie et le développement (RDD), le parti de Jacques-Joachim Yhombi Opango.

Fig. 54. – Côme Manckassa, professeur d'Université, écrivain (« Le Chevallier de Soyo », un roman historique), théoricien dans le domaine si complexe de la Sociologie, ancien ministre, président de l'Union congolaise pour la République (UCR) : la jouissance du pouvoir n'est pas l'unique justification de l'action politique ; il y a deux logiques à ne pas confondre : la logique de guerre et la logique de paix ; la logique de guerre peut – c'est un risque – affecter la vision globale des uns et des autres à propos des mécanismes du fonctionnement démocratique ; la latence de l'État d'exception peut bloquer le pays au plan socio-économique, malgré les apparences ; le Congo a trop souffert (30 000 cadavres sur les bras), sur l'ensemble du territoire national (qui appartient à tous), par manque de respect des textes fondamentaux qui donnent un cadre juridique à la vie politique publique. Ce sont là quelques idées essentielles de la Déclaration du professeur Côme Manckassa (27 avril 2000).

Fig. 55. – Gabriel Bokilo, jursite (études du Droit à Bordeaux), économiste, longtemps directeur de la Banque Centrale des États d'Afrique Centrale (BCEAC), cadre compétent et fort crédible, président de l'Union pour le redressement national (URN), conseiller national et président de la Commission « Economie et Finances » du Conseil national de la Transition (Cnt) : « Le paysan de Mouyondzi peut aller à Ouesso, celui de Ouesso à Kinkala, celui de Kinkala à Pointe-Noire ou Dolisie. Ainsi, les politiciens doivent laisser la réconciliation au peuple congolais » (« La Semaine Africaine », n° 2177, du jeudi 24 septembre 1998, p. 5).

Fig. 56. – Martin Mbéri, avocat, ancien ministre d'État, ministre dans le gouvernement de transition (depuis octobre 1997), premier secrétaire du Comité exécutif provisoire de l'Union Panafricaine pour la démocratie sociale (UPADS). Auteur de *Plaidoyer pour la paix au Congo Brazzaville,* UPADS, juillet 1999, 39 pages. Collection : « Nouvelles Perspectives » sous la direction de Me Martin Mberi. Lisons : « Pour qu'il y ait retour à la paix, il faut croire à *La force du pardon,* chasser en nous les peurs qui nous figent, les préjugés qui nous incitent dans les luttes stériles. Si on ne sait pas *pardonner,* pour ne voir que le Congo, il serait vain de parler de paix. Nous ne pouvons retrouver la paix que par le dialogue » (Me Martin Mberi, dans « La Semaine Africaine », n° 2193, du jeudi 11 février 1999, p. 5. C'est moi qui souligne, Th. O.).

Fig. 57. – Jean-Martin Mbemba Nkiele, avocat, assista à la Conférence nationale de 1972, en tant que délégué de l'Association des étudiants congolais (AEC) en France, avec son ami OPA, pharmacien ; présida le comité de rédaction du règlement intérieur de la Conférence nationale de 1991, et de la Constitution de 1992 ; ministre de la Justice, Garde des Sceaux, chargé des réformes administratives pendant la transition de 1991 à 1992, ministre dans l'actuelle transition (depuis octobre 1997). Leader de l'Union pour le Progrès (UP). C'est l'avocat congolais à avoir une dimension vraiment internationale : voir son ouvrage *L'autre mémoire du crime contre l'humanité,* Paris, Présence Africaine, 224 p.

Fig. 58. – Jean-Claude Ganga, haut-fonctionnaire au Comité inter-africain du sport ; il fut ministre de l'Éducation physique et des Sports de 1989 à 1991. Sa grande ouverture d'esprit, à cause de sa riche expérience internationale, est appréciée par les uns et les autres.

Fig. 59. – Benjamin Bounkoulou, ancien ministre des Affaires étrangères, 2e Vice-président du Bureau du Conseil national de Transition (Cnt), président de l'Union pour la République (UR) : « Le mépris des partenaires dans une alliance où chacun perd quand on ne gagne pas ensemble, l'ensevelissement des valeurs républicaines dans la gestion familiale du pouvoir, le sectarisme hégémonique associé à une arrogance culturelle érigée en principe de gouvernement, la patrimonialisation de l'État, le non respect du peuple souverain et la contestation intempestive de l'ordre constitutionnel établi, tout ce qui fait le lot quotidien de la pratique du pouvoir renvoie à une idéologie de la gouvernance qui porte en elle les germes de la fracture sociale, de l'insécurité de la démocratie, des hommes, des biens et de l'économie nationale… » (voir « La Semaine Africaine », n° 2169, du jeudi 23 juillet 1998, p. 3). Ce fut, dit l'auteur (B. B.), la logique de l'ancien régime de Lissouba.

Fig. 60. – Les alliances entre partis politiques se font et se défont sur la scène politique nationale avec constance, soudaineté, brusquerie : la vie publique en souffre nécessairement, donnant l'impression d'un éternel recommencement politique. Et quand la crise politique s'y mêle, dans la violence, le feu et le sang, le peuple ne suit plus du tout. On re-dialogue sans que les consciences s'ouvrent réellement au pardon. Peu de leaders politiques développent d'ailleurs la logique du pardon avant la logique du dialogue : le pardon à demander au peuple meurtri, ravagé, ruiné, assassiné, dans l'humilité intellectuelle, le courage politique, la foi démocratique. Le Président Denis Sassou Nguesso a demandé pardon au peuple congolais tout entier à plusieurs circonstances officielles.

Fig. 61. – Mme Cécile Matingou Diamoneka, écrivain (un recueil de poèmes préfacé par le Professeur Jean-Pierre Makouta Mboukou), ancien ministre de la Famille et l'Intégration de la femme au développement. Beaucoup reste à faire, pour la femme congolaise, dans les domaines importants qui sont les suivants : Droit politique, Éducation, Santé et population (le taux moyen de prévalence du sida chez les femmes enceintes en 1994 était de 9,4 %), Agriculture, Emplois et entreprise, Crédits et épargne, etc. Le fort taux de scolarisation de la jeunesse ne suffit pas pour juger de son niveau d'éducation. Le recueil de poèmes de Matingou Cécile I. Diamoneka a pour titre : *Voix des cascades*, ouvrage épuisé, publié par Présence Africaine, Paris.

Fig. 62. – André Okombi Salissa, ministre de l'Enseignement technique, président du Comité d'action pour la défense de la démocratie-Mouvement de jeunesse (Cadd-Mj) qui comprend un conseil central de 101 membres, un secrétariat de 18 membres, une commission d'évaluation et de suivi de 7 membres. La jeunesse congolaise est symbole de vigueur et de courage. C'est le refus systématique du désespoir, du tribalisme, de l'injustice. Les problèmes à affronter : le chômage et la délinquance juvénile, l'enfance abandonnée, suite aux guerres civiles.

Fig. 63. – Bonaventure Mizidy, président de la Convention républicaine des libéraux (CRL), fondée le 18 août 1991. Les jeunes n'ont aucune chance d'avoir un métier, de fonder une famille. « Travail » de la classe politique nationale depuis 40 ans : *misère généralisée, paupérisation du peuple, dégringolade continue de l'économie nationale, division du peuple, guerres.*

Fig. 64. – Jean-Félix Demba-Ntelo, secrétaire général du Rassemblement pour la Démocratie et le Progrès Social (RDPS) de Jean-Pierre Thystère Tchicaya : l'appartenance à une même alliance politique ne conduit pas à un nivellement de la pensée. Dans une alliance, chaque parti conserve son autonomie, sa personnalité et son jugement conformément à sa ligne et sa pratique politiques. Les partis politiques Upads, Pct et Mccdi s'étaient dotés de milices armées depuis 1992-1993. Le Rdps s'est interdit toute forme de milice privée sous sa tutelle. Les milices du Mcddi (« Ninjas ») et du Pct (« Cobras ») ont participé aux deux guerres civiles de 1993 et 1997 contre ou aux côtés des milices de l'Upads (« Cocoyes », « Mambas », « Aubevillois »). On n'excuse pas le crime par le crime (voir « La Semaine Africaine », n° 2141, du jeudi 8 janvier 1998, p. 6). Il y a déjà ébauche d'explication historique claire.

De fait, les acteurs politiques congolais croient que l'histoire n'existe pas. C'est une erreur. L'historien collecte la documentation, l'information. Ensuite, il analyse les faits selon une méthodologie rigoureuse. C'est l'application de la critique historique. Enfin, il interprète les données analysées et explique l'enchaînement des faits. L'objectivité le guide constamment.

Fig. 65. – Simplice Damas Ngami, secrétaire général du Parti pour le Rassemblement (PR le national), fondé par le colonel Florent Ntsiba, et dont le président provisoire fut Pierre Mpoampion, également de la Région des Plateaux. Ce parti fut crée le 16 janvier 1995. Ngami est devenu secrétaire général à la suite de l'Assemblée générale du 21 juin 1998. Le poste de président du parti n'est donc pas encore pourvu.
Le Congo compte *plus de 300 partis politiques,* tous classiques, familiaux, tribaux, régionaux, sans grande assise nationale, et tous à la recherche éperdue de la démocratie et d'un État de droit : alors, pourquoi ne pas créer des partis politiques moins nombreux et plus nationaux, sans les égoïsmes claniques et tribaux ? On critique la « tribu-classe » et on fait le « parti-tribu » : où est la différence ? Ceci est une remarque générale, valable pour tous les partis, ou presque, et non une observation exclusive à l'endroit du parti de S. D. Ngami et les siens des Plateaux. Cela doit être clair pour éviter d'inutiles procès d'intention.

Armand Brice Matha est président de l'Association « Fidélité 2000 »

Fig. 65*bis*. – L'Assemblée générale de l'Association « Fidélité 2000 » a eu lieu le 1er avril 2000 à Brazzaville. Il faut stabiliser l'être humain avant de stabiliser la politique, l'économie, le social et la culture : la fidélité aux idées, aux principes est une hygiène mentale et intellectuelle qui vivifie l'esprit. L'être humain en effet est le fondement sûr de toute action, et le monde politique, je pense, doit pouvoir se révéler comme fin humaine et non comme fin en soi. Il faut faire la politique à la lumière d'une fin qui est au-delà de la politique elle-même. Pour le comprendre, point n'est nécessaire qu'une psychanalyse de type existentiel. Personne ne voulait aller aux élections démocratiques et transparentes en 1997 : la fin de la politique était le « moi » et non le peuple. Le « moi » comme conscience de « moi-même », sans conditionnement, est comme conscience de rien, c'est-à-dire le néant absolu (Jean-Paul Sartre, *L'être et le néant,* Paris, 1943, p. 558). A. B. Matha développe ces idées avec un brio certain.

Fig. 66. – Diplômé en sciences juridiques et administratives, directeur de la formation permanente, président fondateur du syndicat libre des enseignants du Congo et de la Confédération des syndicats libres et autonomes du Congo, Michel Kaboul-Mahouta, originaire de la Lekoumou, est un homme effacé, discret, peu tonitruant, mais très efficace et fier de ses convictions dans un esprit de justice et d'équité : il fit bloquer le port de Pointe-Noire en septembre 1994 en faveur des travailleurs; il fit bloquer l'entreprise de Manfaïtaïn (jugés comme étant l'entreprise de Pascal Lissouba, alors président de la République) et obtint 500 millions de F CFA en faveur des travailleurs de Cometrab; il mit également en cause le cahier de contrôle des présences instauré par le Premier ministre Jacques Joachim Yhombi Opango. Il est militant du Mars (Mouvement africain pour la renaissance et la solidarité) du ministre Jean Itadi. Le secrétaire général de ce parti fut Joseph Gamadzori, démissionnaire : c'est maintenant Claver Bodzola qui occupe par interim le poste de secrétaire général. Après la guerre civile du 5 juin 1997, le Président de la République, le général d'armée Denis Sassou Nguesso, n'a pas dissout les 300 partis politiques congolais à base essentiellement tribale, ethnique, voire sous-tribale et sous-ethnique.

Jacqueline Mamoni, membre du C.n.t

Fig. 67. – Mme Jacqueline Mamoni, membre du Parti congolais du travail (PCT), originaire de Mouyondzi, Régon de la Bouenza : « Tout a été pillé à Mouyondzi. L'hôpital a été pillé jusqu'aux lits, les pharmacies privées, les boutiques, il n'y a plus rien » (déclaration du 18 juin 1998). Courageuse, fidèle à ses convictions morales et politiques, elle a joué un rôle décisif dans la crise qui a éclaté à Mouyondzi, le 1er avril 1998, intervenant auprès des sages du district de Mouyondzi et du Président de la République, pour épargner à Mouyondzi la destruction totale. Elle a des talents de stratège. Elle est membre du Conseil national de la transition (Cnt), soit l'Assemblée nationale de transition, à l'issue de la guerre civile du 5 juin 1997.

Au Congo, un seul parti politique est dirigé par une femme : le Mouvement pour l'unité et la reconstruction du Congo (MURC). Tous les 300 autres partis sont exclusivement dirigés par des hommes. Et pourtant, les hommes politiques congolais ne connaissent pas la misogynie, encore moins la phallocratie et le sexisme ! Mme Jacqueline Mamoni est décédée dans des conditions « obscures ».

Fig. 68. – Macaire Nzomono, secrétaire général du Comité d'action pour la paix et la solidarité (CAPS), une organisation non gouvernementale : « Ayant toujours connu cette région depuis ma tendre enfance, je puis vous dire que *la Bouenza a reculé de 50 ans.* Les édifices publics y ont été incendiées. Des entreprises comme Socico (Société du Ciment du Congo) ont été cruellement saccagées, des ponts ont été dynamités, des voies de communication sont jusqu'à ce jour couvertes de hautes herbes. Plusieurs districts restent coupés du pays. Bref, la Bouenza, naguère fleuron de l'économie nationale, est aujourd'hui une région arrêtée » (voir « La Semaine Africaine », n° 2259, du jeudi 25 mai 2000, p. 3. Souligné par moi, Th. O.).

16 juin : Journée de l'enfant africain

Les enfants de la rue, enfants perdus de Brazzaville

centre à Kindamba

Les enfants malnutris prennent le lait thérapeutique

Fig. 69. – Les enfants, victimes des guerres civiles récentes au Congo : Brazzaville, Pool et contrées du Niari (Bouenza, Lekoumou et Niari). Pour le pouvoir politique, les honneurs et l'argent qu'aucun homme politique n'emportera avec lui dans la tombe. Un poète congolais : « Ne naissions-nous pas /pour grandir ensemble ? /Or voilà, /sur le bord des chemins, /esseulés, /nous mourons ». (Léopold Congo Mbemba; *Le Tombeau Transparent,* Paris, L'Harmattan, 1998, p. 69).

Fig. 70. – Les enfants perdus de Nkayi :

« Comment relever la vie,
“ ô frères de cendre !
“ ô sœurs de douleurs !
« quant la mort atteint
« les sources ? » (Léopold Congo Mbemba, *Le Tombeau Transparent,* préface de Geneviève Clancy, Paris, L'Harmattan, 1998, p. 71).

Les Congolais, lors de leurs multiples guerres civiles dues aux antagonismes politiques non réglés par le dialogue, détruisent systématiquement tout : les édifices publics, les hôpitaux, les écoles, les ponts, les arbres fruitiers, les villages, violent les femmes (vieilles, jeunes, adolescentes), polluent les eaux des rivières, incendient les cimetières, pillent tout ce qui peut l'être, pilent les bébés dans les mortiers à foufou, donnent des drogues aux jeunes « miliciens » pour qu'ils transcendent la morale, la pudeur, la voix de la conscience humaine, l'éducation familiale, les valeurs de bien, de vrai et du beau. Les sources de l'existence sont atteintes.

Corriere della Sera

A BRAZZAVILLE

Un bambino vittima innocente degli scontri nelle vie di Brazzaville

Scontri e vittime innocenti

BRAZZAVILLE — Continuano gli scontri nella capitale del Congo tra le milizie «Cobra» del generale Sassou Nguesso e le truppe regolari del presidente Pascal Lissouba. Nei combattimenti hanno perso la vita numerosi civili. All'aeroporto continua intanto l'operazione di evacuazione dei cittadini stranieri condotta dai reparti della Legione francese. L'intervento è reso difficile dal tiro delle armi automatiche e da salve di mortaio che occasionalmente cadono non lontano dal perimetro difensivo. Nguesso ha minacciato di impedire l'arrivo degli aerei francesi.

Fig. 71. – Un jeune congolais, tout petit bambin de 6 à 8 ans, se rend à l'école, son sac scolaire au dos, il est bien propre, habillé par sa jeune mère ; il croit au Congo, en ses dirigeants ; il imagine qu'il sera cadre, médecin, général, scientifique, écrivain, célèbre athlète, fameux musicien, homme d'affaires, diplomate de carrière, père de famille heureux, citoyen responsable, homme de culture et de civilité, patriote panafricain. Il pense que son travail fera honneur à son pays et au monde. Ce petit enfant peut devenir prêtre, évêque, cardinal, chef de l'État, astronaute, économiste de réputation internationale, avocat de très haut niveau. Atteint par une balle de politique criminelle, violente et sanglante, son visage adore le sol natal, inerte ; la terre des ancêtres est avide de son sang innocent ; les dieux et les déesses boivent son sang, nectar et mangent sa chair, ambroisie : leur don de la guerre civile du 5 Juin 1997. Le mensonge politique continue. Au milieu des haines et des dialogues, des triomphalismes et des peurs, cet ENFANT resplendit comme un saphir. Ces taches noires et lumineuses de la conscience congolaise collective.

orturer et tuer est devenu un acte banal; un jeune tué pendant la guerre civile de Brazzaville

Toutes les milices, sans exception, ont eu des tendances génocidaires.

Fig. 72. – Il est étonnant qu'un enfant de cet âge, entre 8 et 11 ans, puisse manier des chars T82, des engins téléguidés anti-char, des engins anti-aériens « Chilka » de 23 mm, des hélicoptères de combat MI8, des engins de combat BM 21 ou Orgues de Staline, des munitions de 82 mm, 100 mm, sous calibré, 122 mm, des canons de 200 mm, etc. : tous engins de la mort utilisés dans les récentes guerres civiles (1997-1999) au Congo, dans les villes et dans les brousses, les villages, les hameaux. Alors, pourquoi tuer les enfants, les petits, les mômes, les bambins ? Pourquoi ? Au nom de quelle idée du pouvoir politique ? Pourquoi descendre si bas dans la sauvagerie ? Tous les Congolais, toutes les Congolaises, ont tous été baptisés à l'eau bénite du rite catholique et chrétien. Mais ils adorent froisser leur propre vie, surtout celle des jeunes, avec le feu le plus violent qui puisse exister. Cet enfant a tourbillonné avant de tomber, et de se mêler à la poussière bienheureuse du Congo. Le feu meurtrier l'a ceinturé. Dans l'éclat de la foudre, il a lutté jusqu'au bout, refusant de faire de sa vie une chose vaine.

Fig. 73. – Daniel Djio, grand journaliste, président de l'état-major du Mouvement pour l'unité et la reconstruction du Congo (MURC), et président du bureau régional des sages de la Sangha : « Le Murc s'articule autour des valeurs républicaines, notamment l'État de droit, la bonne gouvernance, le respect des libertés fondamentales et de la justice sociale génératrice de paix » (voir « La Semaine Africaine » n° 2257, du jeudi 11 mai 2000, p. 4).

Fig. 74. – Wilson-Abel Ndessabeka, ancien ministre (Information et Sports, 1975), président du collectif de 16 partis politiques favorables au dialogue national, sans exclusive. En novembre 1999, le collectif de 16 partis avait fait parvenir au médiateur international, le président Omar Bongo de la République gabonaise, un mémorandum à propos du dialogue national sans exclusive et non « sélectif », comme le proposent les Forces démocratiques unies (Fdu), en tout cas dans leur majorité : « La démocratie est d'abord et avant tout une culture à acquérir et à vivre (...). Un dialogue sans exclusive... est une question de principe, une étape nécessaire, une exigence de vérité, au niveau où se situe notre démocratie fortement armée, clanisée, ethnisée et tribalisée » (voir « La Semaine Africaine », n° 2263, du jeudi juin 2000, p. 5).

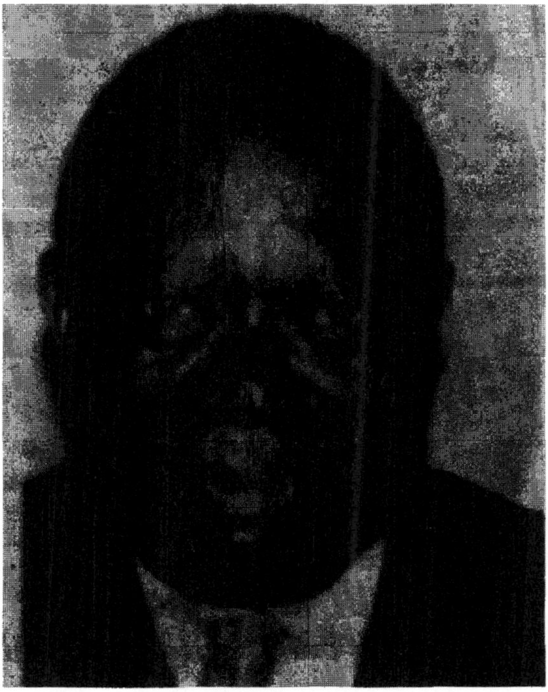

Fig. 75. – Il existe plus de 300 partis politiques au Congo, tous à envergure tribale, ethnique, presque clanique, familiale. Pierre Nze Mha, ancien membre du Parti congolais du travail (PCT), ancien ministre d'État, chargé de la Justice, Conseiller du Chef de l'État, est président de l'Union nationale pour la démocratie et le progrès (Undp) : « Les partis politiques ne doivent pas se singulariser dans le Pool. Le Pool connaît le même niveau de pauvreté que les autres régions du pays. Il n'y a donc rien de spécial dans le Pool qui doit nécessiter une vision différente (...). Le gouvernement Lissouba nous a entraînés dans deux guerres civiles. La première était orientée contre le Pool (...). La deuxième a été orientée contre les quartiers Nord de Brazzaville (...). Nous estimons que c'est une vision tribaliste (...). Il n'y a pas d'intérêts particuliers du Pool qui ne soient des intérêts de ce pays » (déclaration du 5 novembre 1998).

Fig. 76. – Jean-Pierre Bika-Bayinat, secrétaire national du Conseil national de la résistance (CNR), chargé du développement rural et des micro-projets. Il est en même temps président du Cercle de réflexion sur l'avenir du Congo (Crac). Le président du CNR est le Révérend Pasteur Ntoumi. Le CNR comprend : cadres, agents de l'État, officiers et soldats, paysans, jeunes et vieux, femmes et hommes. Après avoir visité le Pool, la Bouenza, la Lekoumou et le Niari : « La guerre a entraîné d'énormes fractures : perte de vies humaines, de biens matériels, d'emplois, terres abandonnées, élevage décimé (...). Les populations des régions visitées ont perdu tout espoir de vie : bétail, plantations dévastées, petites unités de production détruites » (voir « La Semaine Africaine », n° 2263, du jeudi 22 2000, p. 4).

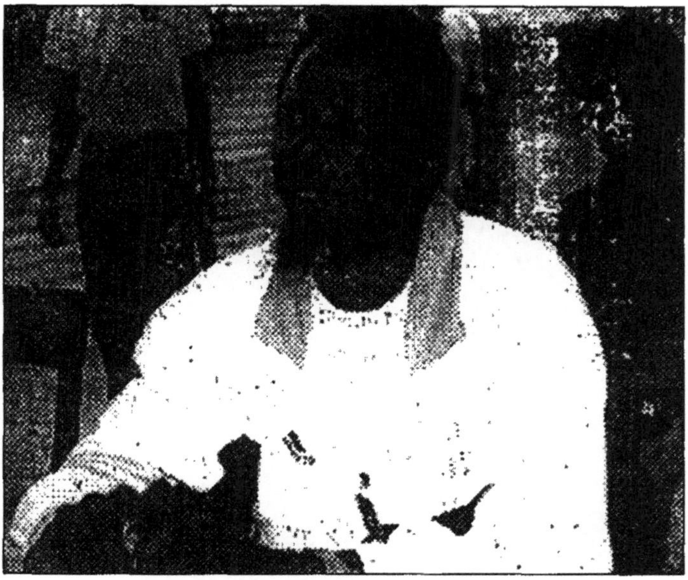

Fig. 76 *bis*. – Le Révérend Pasteur Ntoumi, président du Conseil National de la Résistance (CNR), est en faveur d'un dialogue global, réunissant les principaux acteurs politiques qui ont entretenu des milices armées lancées dans les récentes civiles qui ont meurtri le Congo : il faut guérir le mal en profondeur, et non superficiellement, par des dialogues tronqués, des négociations biaisées, des accords marbrés d'hypocrisie et de cynisme politiques. En langue française, *maquiller* signifie, en un certain sens, « altérer, falsifier ». *Maquiller les faits,* c'est altérer, falsifier les faits, c'est-à-dire les modifier, les farder en dissimulant le désagréable et en soulignant l'agréable, pour donner, en fin de compte, une apparence trompeuse. Dès lors, si *le dialogue* est ressenti comme une urgence, une nécessité, un acte politique salutaire pour le Congo, il est par conséquent inutile de « maquiller » les faits, car le peuple, toujours souffrant, comprendra de moins en moins que la politique puisse se réduire à l'utilisation magique des symboles de la Kabbale.

Fig. 77. – Jean-Michel Moussi-Ngouari, président du Mouvement national pour la libération du Congo (Mnlc), a une série de recommandations sur la jeunesse, les Forces armées congolaises (Fac) et les autres armées étrangères au Congo pour sortir définitivement de « la spirale de la violence » politique sanglante et criminelle que la classe politique congolaise affectionne :
16 au 20 février 1959 : guerre civile, plus de 100 morts, 167 blessés graves
30 au 31 août 1968 : guerre civile, plus de 100 morts (l'APN contre la Défense civile au camp « Biafra »)
23 mars 1970 : 130 personnes tuées (coup de force tenté par Kinganga)
1992-1999 : guerres civiles, plus de 40 000 morts parmi les civils, destructions de Brazzaville, du Pool, de la Bouenza, de la Lekoumou et du Niari ; bombardement d'Owando ; désorganisation de la nation, de l'État, de la Jeunesse, etc.

Fig. 78. – Célestin Gongared Nkoua, ancien journaliste et imprimeur, fut accusé d'un coup d'État contre le Président Sassou Nguesso, en 1990. Il est nommé ministre de l'Agriculture et de l'Élevage durant la transition de 1991-1992 dirigée par André Milongo. Il est encore ministre d'État, chargé de l'Agriculture et de l'Élevage, dans le gouvernement de transition formé à l'issue de la guerre civile du 5 juin 1997 et présidé par le Président Denis Sassou Nguesso. Le ministre Célestin Gongarad Nkoua, de la famille royale téké de Mbé, est originaire de Ngo. Il est président de l'Union patriotique pour la démocratie et le progrès (Updp). Ce parti avait sept ans d'existence en octobre 1998. Tous les partis politiques, plus de 300 partis, sont tous d'accord pour ce qui suit : la démocratie, le progrès, les libertés individuelles et collectives, l'État de droit, la décentralisation, les élections libres, honnêtes, sincères et surtout transparentes, l'unité nationale, la paix sociale au Congo... mais les intérêts particuliers et les ambitions l'emportent bien souvent sur ces vues généreuses de faire du Congo un pays développé. Et, au lieu du dialogue, de la discussion politique, les intransigeances aboutissent à des crimes de sang, à des guerres civiles.

Fig. 79. – Le Général d'Armée Denis Sassou Nguesso, président de la République : dès 1968, il est très actif au sein du Conseil national de la révolution (CNR) ; il est coopté au Comité central du PCT en 1969 et, en 1979, au Bureau Politique ; en 1975, il devint ministre délégué à la Défense et membre de l'État-major spécial révolutionnaire (EMSR). A la mort de Ngouabh, en mars 1977, il devint le 1er Vice-président du Comité militaire du parti (CMP) et, de 1979 à 1992, président de la République populaire du Congo ; président de la République du Congo pendant la transition de 1991-1992 ; à l'issue de la guerre civile du 5 juin au 15 octobre 1997, il est à nouveau président de la République du Congo, dans le cadre d'une transition « flexible », pour préparer le retour à une vie politique normale, constitutionnelle et démocratique, dans un État de droit, garant des libertés fondamentales (liberté d'expression, de circulation, etc.) et des droits humains.

Fig. 80. – Justin Lekoundzou Itihi Ossetoumba, ministre à la Présidence, chargé de la Défense. Dans la conjoncture actuelle, il s'agit de la restructuration de la Force publique, du rétablissement de l'ordre et de la discipline dans le pays. Il n'est pas possible, en effet, de faire respecter les lois et règlements, les libertés individuelles, la justice sans la puissance publique mieux organisée et plus disciplinée. Une société civilisée ne peut pas fonctionner et progresser sans règles, sans lois, sans droit, sans justice et sans puissance. En effet, le non-État conduit, droit, à la désorganisation de la communauté nationale et à la perte de conscience des intérêts généraux.

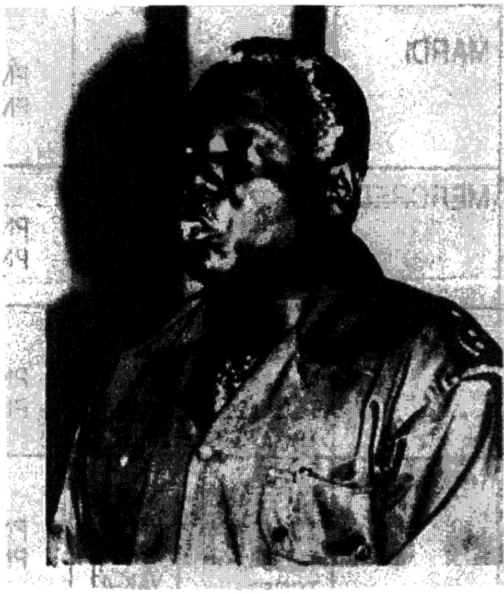

Forces armées congolaises

Général Jacques-Yvon Ndolou, nouveau chef d'Etat-major général

Fig. 81. – Général JacquesYvon Ndolou, né le 3 mai 1944 à Mossaka, Région de la Cuvette, a fait l'École d'Application des Transmissions à Montargis, en France. Il a gravi les grades militaires régulièrement : aspirant en 1966, colonel 20 ans plus tard, en 1986. Le 15 octobre 1998, il a été promu général de brigade par le Président Denis Sassou Nguesso. Il a été nommé chef d'État-major général des Forces armées congolaises (Fac) en janvier 1999, remplaçant à ce poste le général de division Yves Motando Mongo. L'armée congolaise a commencé à se dégrader dans les années '90. Les milices apparaissent à partir de 1993, sous la tutelle des partis politiques, au vu et au su du pouvoir politique qui laisse faire. Les militaires professionnels sont mis sur la touche à partir des « critères » ethniques, régionaux, etc. Il s'agit de bâtir une armée républicaine en partant d'une armée qui a été mise par terre. Le général Joseph Niombela est aussi originaire de Mossaka.

colonel Ossété-Niamba,
commandant de la gendarmerie

Fig. 82. – Colonel Sévérin Valence Ossete-Niamba, né à Makoua, Région de la Cuvette, le 7 septembre 1944, est détenteur d'une licence de géographie et, dans le métier choisi, il est diplômé de l'École des officiers de gendarmerie de Melun (France) en 1970, diplômé de l'École de l'arme blindée de Beijing/Pékin (Chine) en 1971, et diplômé de l'École des douanes de Bruxelles (Belgique) en 1992. Il fut commissaire politique de la Région du Pool, chef-lieu Kinkala, de 1989 à 1991. Il a la réputation d'être un nomme d'autorité, de discipline et de travail. La gendarmerie, réhabilitée à la Conférence nationale souveraine en 1991, s'articule autour de deux axes : la gendarmerie mobile, pour le maintien et le rétablissement de l'ordre, et la gendarmerie nationale pour les missions principales de police judiciaire, la garde républicaine, etc. Le général Michel Jean-Marie Mokoko est aussi originaire de Makoua.

Fig. 83. – Général Benoît Moundele Ngolo, administrateur-maire de la ville de Brazzaville, a été élu président de l'association des maires du Congo (Amc), le 6 mai 2000, pour une durée de deux ans. Brazzaville peut, dès lors, ré-apprendre à vivre, après le passage à vide dû aux événements socio-politiques sanglants de ces dernières années, surtout la guerre civile du 5 juin 1997.
Né le 22 septembre 1943 à Tsambitso, district d'Oyo, région de la Cuvette, le général de brigade Benoît Moundele Ngolo a été formé de 1965 à 1968 à Odessa, en Ukrainie (URSS) où il a obtenu un diplôme d'officier du génie militaire. Il a été successivement inspecteur du bataillon autonome du génie (1969-1970), commandant national de la milice populaire (1970-1972), impliqué dans le mouvement du M22 (du lieutenant Ange Diawara), inspecteur des travaux de la zone nord puis directeur adjoint du génie à la Régie nationale des travaux publics (1976-1979). Il a été ministre des Travaux publics, de la Construction, de l'Urbanisme et de l'Habitat de 1980 à 1989 (La vasière de la forêt équatoriale au Nord du pays fut vaincue, de même les forêts inondées entre la Como et Oyo-sur-Alima). Sportif, Moundele Ngolo est aussi écrivain (*Pigments sucrés sous les Tropiques,* Éditions Encre Noire, 1996).

Fig. 84. – Général Gilbert Mokoki, originaire de la Région de la Likouala, est président du Comité de suivi des Accords de cessation des hostilités entre les ex-miliciens « Ninjas-Ntsiloulous » du pasteur Ntoumi et le gouvernement de la République. Des sous-commissions de ce Comité de suivi ont été déployées dans les dix Régions du Congo. Pour le général Mokoki, au cas où les armes ne seraient pas totalement ramassées, il serait souhaitable qu'elles soient totalement oubliées par les jeunes. C'est-à-dire qu'il faut impérativement donner aux jeunes du Congo une conscience des êtres humains dignes et non de petits animaux sauvages : la culture de paix. Le général Yves Motando Mongo est aussi originaire de la Likouala ; il est conseiller spécial du Chef de l'État en matière de défense nationale.

Fig. 85. – A chaque violente, sanglante et durable guerre civile, le Chemin de Fer Congo-Océan souffre atrocement : voitures saccagées, marchandises pillées, rails démontés, interruption du trafic, banditisme, assassinats, pagaille, etc. A la suite des événements sanglants de 1993 et 1994, les Forces armées congolaises étaient appelées à assurer la sécurité sur le CFCO. Des débordements dûs au manque de discipline étaient nombreux. Sur cette photo, il s'agit d'une cérémonie de transfert de compétences, le 14 juin 1998, entre le colonel Jean-François Ndenguet, directeur général de la police nationale, et le colonel Essongo, commandant de la Zone autonome de Brazzaville (Zab), en présence du directeur régional du CFCO-Brazzaville, M. Kitanda, et du directeur central de la police du CFCO, le commandant Godefroy Innocent Iloye. La sécurité du trafic sur le CFCO est donc assurée par la police nationale, et non plus par des éléments des Forces armées congolaises (i. e. des militaires).

Fig. 86. – Colonel Jean-François Ndenguet, directeur général de la police nationale, officier des forces de sécurité, grand dirigeant sportif, est aussi président de l'association « Ellembe national », danse et musique traditionnelles de la Cuvette (Owando, Oyo, Boundji), formalisée en 1947 par Michel Akondzo. Il s'agit d'une belle tradition d'artistes-musiciens qui peut avoir, une fois mieux organisée, une envergure nationale, car l'esthétique exprimée, chantée et dansée est à la gaïeté, la joie de vivre, la douceur des mœurs.

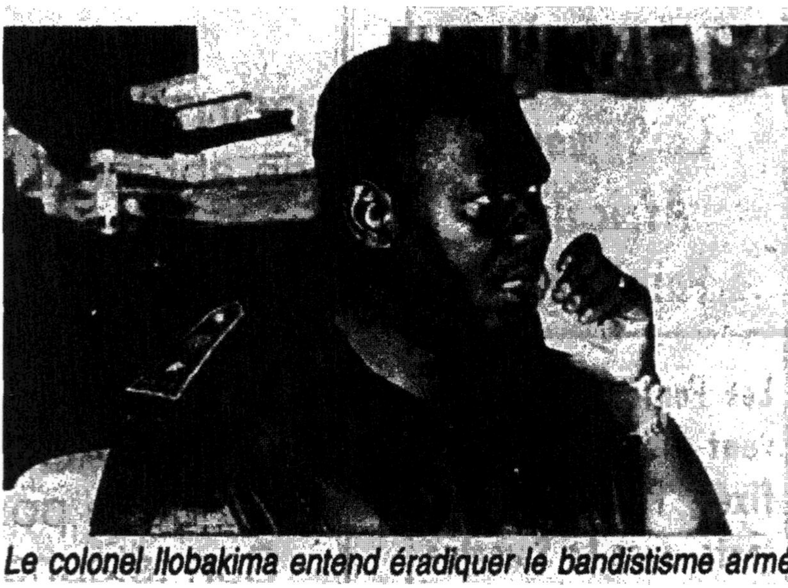

Fig. 87. – Colonel Jean-Théophile Ilobakima, ancien commissaire central de police de la ville de Brazzaville, est, depuis octobre 1997, directeur régional de la police au Kouilou : « Nous sommes une force publique, nous ne faisons pas de la politique. Nous n'assurons que la sécurité des personnes et des biens ». (Interview dans « La Semaine Africaine », n° 2157, du jeudi 30 avril 1998, p. 3).

Le Lieutenant-Colonel Jérôme Iwandza

Fig. 88. – Lieutenant-colonel Jérôme Iwandza, directeur du Centre d'Informatique et de Recherche de l'Armée et de la Sécurité (Ciras), créé par décret n° 79/521 du 25 septembre 1979. Ce centre est situé entre le Palais du peuple et le Commissariat central. C'est une structure militaire placée sous l'autorité du président de la République, chef suprême des Forces armées congolaises (Fac). Ce centre relève à la fois du ministère de la Défense et du ministère de l'Intérieur (Police nationale, Sécurité). Il ne s'agit pas de la Sécurité d'État. C'est une école nationale de formation en informatique et bureautique. Il est difficile de se passer, de nos jours, de l'informatique.

Fig. 89. – Le Président Denis Sassou Nguesso accueille le Pape Jean-Paul II à Brazzaville, le 5 mai 1980. Le Saint-Père exerce sur le monde un réel rayonnement spirituel. Il n'y a pas de vérité dans le mal, l'erreur, la guerre, l'assassinat, l'intransigeance, le fanatisme, l'intégrisme. Il a lutté pour l'écroulement du matérialisme athée en URSS. Il s'est opposé à la guerre du Golfe. Il a milité pour la réconciliation de toutes les religions. Son message *Ecclesia in Africa* traduit son affection particulière pour les peuples africains, gémissant dans les douleurs des guerres civiles, sur le continent le plus pauvre du monde. Fin mai 2000, le Président Sassou Nguesso fut reçu en audience par le Pape Jean-Paul II au Vatican. Les relations entre l'État et l'Église, au Congo, ont constamment été des plus ambiguës : depuis l'abbé Fulbert Youlou, président du Congo de 1959 à 1963, le clergé local s'est toujours mêlé de politique, sans rien refuser pour s'en tenir exclusivement aux missions sacerdotales et, de ce fait, l'aura du sacré a été quelque peu perdue.

Fig. 90. – Mgr Ernest Kombo, jésuite, évêque d'Owando (ex-Fort-Rousset). Mgr Kombo s'est mêlé de politique, au plus haut : il a été le président du Présidium de la Conférence nationale souveraine de 1991 et aussi du Haut Conseil (i. e. Assemblée nationale provisoire) de la République pendant la transition, de 1991 à 1992, avec tous les avantages socio-politiques liés à cette prestigieuse fonction politique. Le Conseil supérieur de la République (ou Haut Conseil de la République) était l'organe n° 2 dans la gestion du pays pendant la transition de 1991-1992. Peu habitué aux coups bas de la classe politique congolaise, Mgr Kombo, homme de principe et de devoir, prêtre, évêque, fut néanmoins vilipendé par les « Forces du changement et du progrès » *(sic)*, le traitant, pour rien absolument, de « traitre » et de « vendeur » du Congo auprès des ennemis du Congo : le sacré était livré à l'infamie politique. La religieuse Brigitte Yengo fut la trésorière générale de la Conférence nationale souveraine de 1991 et aussi Premier Questeur du Conseil supérieur de la République. Hommes et femmes d'Église s'occupent de politique, font la politique : il n'est pas toujours évident que le « profane » puisse respecter le « sacré » ! C'est comme cela au pays du Congo.

Fig. 91. – Mgr Jean-Claude Makaya-Loembe, évêque de Pointe-Noire. Il est le successeur de Mgr Godefroy Pwati et de Mgr Georges-Firmin Singha. Mgr J.-C. Makaya-Loembe a également fait de la politique en acceptant d'être le président du Présidium du Forum National pour la Réconciliation, l'Unité, la Démocratie et la Reconstruction du Congo, du 5 au 15 janvier 1998. Sage et pondéré, il n'est pas devenu le président du Bureau du Conseil National de Transition (i. e. Assemblée nationale provisoire), à l'issue de ce Forum national. A Pointe-Noire, un Centre des polios tenu par les Sœurs (i. e. religieuses) Dominicaines, des « Cobras » avaient emporté 400 000 F CFA, afin que les Sœurs aient la vie sauve. M. l'abbé Louis Portella, vicaire général de Mgr Makaya-Loembe, a failli perdre la vie à Nkayi où il se trouvait en mission sacerdotale. Écoutons Mgr Jean-Claude Makaya-Loembe qui rappelle tous ces faits : « Ce sang qui a trop coulé dans notre pays, plus que l'eau, a souillé le Congo... » (Pointe-Noire, 18 novembre 1997, Notre-Dame de l'Assomption, Semaine de prière en mémoire des victimes de la guerre civile de juin-octobre 1997).

Fig. 92. – Journée nationale de recueillement et de prière pour les victimes de la guerre : l'archevêque de Brazzaville, Mgr Barthélémy Batantu avait présidé la cérémonie à laquelle le président de la République, le général d'armée Denis Sassou Nguesso, les membres du gouvernement et les leaders politiques avaient assisté. Les célébrants étaient : Mgr Ernest Kombo, le Père Bernard Diafouka (Église orthodoxe) et Mgr Barthélémy Batantu. Ces mots, poignants, de l'archevêque de Brazzaville : « ...tous les morts de guerre sans distinction, quel que soit le côté où ils ont appartenu... leur mort gratuite nous afflige. Qu'ont-ils fait au Congo pour mériter un tel sort ? Les humilier même dans leur mort ? Car tuer en utilisant des hélicoptères, des Migs, des obus, c'est plus que l'humiliation. N'étaient-ils par des Congolais ? L'État n'avait-il pas besoin d'eux ? 15 000 morts et peut-être plus, le chiffre affole ». (homélie épiscopale du mardi 3 février 1998).

Fig. 93. – Mgr Barthélémy Batantu, archevêque de Brazzaville. Né le 13 juillet 1925 à Mayala, Région du Pool, à une cinquantaine de kilomètres de Linzolo, baptisé le 23 avril 1938 par le Père Joseph Morvan, vicaire du Père Gaston Schaub, se rendit à Brazzaville en décembre 1939 auprès de sa sœur Bernadette Louya. Celle-ci et son mari inscrivirent le petit B. Batantu à l'école Saint-Joseph de Bacongo dont le Père Raymond de la Moureyre était directeur. En octobre 1945, il entra au petit séminaire de Mbamou en même temps que le Père Didase Malanda et l'abbé Maurice Mbindi (qui venait de l'école primaire de Boundji). En 1951, B. Batantu entra au grand séminaire Labermann de Brazzaville. Il fut ordonné prêtre le 28 juin 1959. Musicien fort talentueux, il fut envoyé au grand séminaire d'Angers pour les études et la musique. De 1960 à 1978, il servit son ministère à Notre Dame de Bacongo. Il fut nommé archevêque de Brazzaville, le 23 novembre 1978, et ordonné à Rome le 11 février 1979 (ordination épiscopale). C'est un homme tout intérieur, de prière et d'adoration.

Fig. 94. – Mgr Bernard Nsayi, évèque de Nkayi. La *réconciliation* n'est ni accusation ni bavardage. La *réconciliation* est un processus complexe qui exige simplicité, souffrance, rencontre, analyse et dialogue : s'asseoir ensemble, s'écouter à tour de rôle, reconnaître ses limites et ses torts (réciproquement), reconnaître les points positifs (réciproquement), se pardonner, reprendre à vivre et à travailler ensemble. La *réconciliation* « exige la simplicité, l'humilité, le courage, la sincérité et l'écoute» Nkayi, le 23 novembre 1997, lettre pastorale : « Père, donne-nous l'Esprit de vérité »).

Fig. 95. – Mgr Anatole Milandou, évêque de Kinkaka. Il a créé, avec le maire de Boko, Samuel Badinga, membre du bureau politique du Mcddi, un Comité régional de paix, tenant meetings explicatifs à Windza, Kindamba, Mbansa-Ndunga, Voka, Louingui et Boko. Grâce à cette initiative, des armes tenues par les « Ninjas » furent remises au représentant du gouvernement, le colonel Pierre Oba, ministre de l'Intérieur (décembre 1997). Mais, par la suite, les événements ont connu des cycles de grande violence : « Maintenant, je ne comprends pas pourquoi on s'acharne sur une population qui n'a pas d'armes. De toutes les façons, on aurait pu envoyer des vrais militaires, à la place des éléments qui se livrent au vol, au viol et à la tuerie ». (Mgr A. Milandou, avril 1998).

Le Nonce apostolique pendant l'homélie

Fig. 96. – Mgr Mario Cassari Roberto, Nonce apostolique au Congo, fêtant Pâques à Kinkala, région du Pool, le 23 avril 2000, a dit dans son homélie : « Ce n'est que si *le sens de valeurs fondamentales* se consolide dans la conscience, en commençant par le respect de la dignité intangible de la personne et de la vie humaine, que la coexistence, la réconciliation, la paix pourront s'établir aussi au Congo sur des bases solides et durables ». Texte du prélat souligné par moi, Th. O. Et, de fait, l'État de droit ne signifie pas un État constitutionnel qui ne défend aucune valeur de civilisation. Il faut distinguer la forme, la lettre, le décor, avec le fond, l'esprit, l'essentiel : la forme sans le fond, la lettre sans l'esprit et le décor sans l'essentiel, c'est tout simplement une démocratie sans contenu humain, un État de droit fictif, une République sans objet, un État sans âme, une nation sans conscience, une patrie sans citoyenneté, une communauté d'hommes et de femmes sans conscience historique, sans projet culturel collectif, sans unité et sans paix. La PAIX est culture, civilisation, humainsme. La PAIX se manifeste dans une société comme le Bien, le Vrai, le Juste, le Beau (créations culturelles, intellectuelles, artistiques, philosophiques, scientifiques, etc.). La PAIX est développement, progrès, accroissement de la civilisation humaine dans l'univers.

Fig. 97. – Cardinal-archevêque de Brazzaville Émile Biayenda : lorsque l'idéologie marxiste-léniniste-maoïste s'impose, intolérante, aveuglante, monolithique, anticonfessionnelle, au Congo, de 1964 à 1991, l'église catholique, apostolique et romaine est martyrisée. L'abbé Émile Biayenda est arrêté, jeté en prison, torturé. Il sera finalement assassiné, le 22 mars 1977. Le président Marien Ngouabi, chef des Forces armées congolaises et du parti unique révolutionnaire, est assassiné, en plein jour, dans l'enceinte même de l'État major militaire, le 18 mars 1977, à 14 h 30, les Forces armées congolaises étant consignées sur l'ensemble du territoire national. Marien Ngouabi et Émile Biayenda avaient du respect l'un pour l'autre : les deux hommes s'étaient vus quelques jours auparavant, et avaient conversé amicalement. Le mystère plane toujours sur l'un et l'autre assassinats et les journaux, à l'époque, avaient parlé du « Double deuil national ». La mort de Mgr Benoît Gassongo, premier évêque africain d'Owando (après Mgr Émile Verhille), à Brazzaville, en sa résidence « Les Lianes », dans le voisinage même de la cathédrale Sacré-Cœur (siège de l'archevêché de Brazzaville), est restée, jusqu'ici, tout autant « mystérieuse ». L'hebdomadaire d'information et d'action sociale pour l'Afrique centrale, « La Semaine Africaine », est très avare des faits (anniversaires, nécrologies, ministères, etc.) concernant Mgr Benoît Gassongo, Mgr Georges-Firmin Singha, Mgr Hervé Itoua, Mgr Godefroy Pwati, Mgr J.-C. Makaya-Loembé.

Fig. 98. – L'abbé Louis Hadila, « enfant de Poto-Poto », n'avait absolument rien de « tribal », « ethnique », « régional ». Son grand ami fut l'abbé Félix Biekabeka, originaire de Mossaka, Région de la Cuvette. Clairvoyant, doux mais volontaire, d'une intelligence supérieure, homme de foi et de prière, Louis Badila s'était opposé à la culture asséchante du monopartisme, en 1964. Il deviendra vicaire de Mgr Émile Biayenda. Il sera arrêté à plusieurs reprises et tortuté, jusqu'à l'infirmité. C'est également un martyr. lisons ce qu'écrit Louis Badila, en 1964 : « Le drame de l'heure présente... c'est de faire prévaloir sa force pour intimider les autres... Celui-ci teinté d'un soi-disant intellectualisme se voudra tribun pour apeurer par son « éloquence » ceux qui ne pensent pas comme lui ; celui-là, fort de la complicité de quelque politicien, se permettra tout, tout sauf ce qui l'aurait honoré devant les autres ». (La Semaine Africaine, n° 618, 1964, p. 1-8). On appelle cela, aujourd'hui, par ces mots : la démocratie de l'intimidation, la supercherie intellectuelle, l'arrogance culturelle, la force brute, la barbarie, la culture du crime, le vol, le viol, la tuerie, le génocide... Le drame du 5 juin 1997 a amplifié le drame de 1964, presque avec les mêmes auteurs. Or, il y a 34 ans, l'abbé Louis Badila, avait déjà dit aux hommes politiques congolais de renoncer à la violence, à la force, au crime.

Le royaume téké en deuil

Le roi Makoko, Pierre Mialami Wawa est décédé

Fig. 99. – Le roi *(makoko, onkoon)* Pierre Mialami Wawa, intronisé le 7 mars 1997 en tant que 13e figure royale moderne du royaume téké, décédé le mardi 24 mars 1998, était âgé de 80 ans. C'est le plus court règne dans l'histoire du royaume téké de Mbé. Le roi résidait à Ngabé, à 200 km au nord de Brazzaville. Les institutions royales traditionnelles avaient été supprimées au Congo, en 1971. Elles seront rétablies à la faveur de la Conférence nationale souveraine, en 1991. Mais aucune Constitution congolaise républicaine, aucun Acte fondamental, aucun texte institutionnel ne reconnaît explicitement les pouvoirs traditionnels : chefferie, seigneuries, royaumes de Loango, de Makoko, de Bétou (dans La Likouala), etc. La Constitution sépare l'État et l'Église : le pouvoir spirituel est à part du pouvoir politique qui est le pouvoir tout court. Les Conseils de Sages traditionnels à travers le Congo ne sont bien souvent qu'un leurre, une vaste illusion : les Sages de tout le Congo ne se réunissent pas pour intimer des ordres aux politiciens d'arrêter les guerres civiles, assurés de leurs pouvoirs ancestraux et « magiques ». Pourtant, pouvoir politique, pouvoir ancestral africain et pouvoir spirituel peuvent collaborer pour apaiser le Congo.

Fig. 100. – Vue d'un village dans la forêt tropicale : village Otenda-Epere, à 10 km au sud d'Owando (ex-Fort-Rousset), Région de la Cuvette. Tous les villages du Congo, sur les plateaux, dans les vallées, les savanes, les plaines, les forêts, aux bords des cours d'eau, au Nord, au Sud, à l'Est, à l'Ouest, au Centre, chez toutes les tribus, toutes les ethnies, sans exception, vivent encore à l'âge ethnographique : pas d'eau courante, pas d'électricité, pas de services publics (école, santé, marché, téléphone, transport, etc.). Aucun parti politique congolais, sur les 300 partis « tribaux et claniques », n'a un programme de développement rural, de bien-être du monde paysan, à part des généralités vagues et inconsistantes sur la « démocratie » et le « développement social intégral ». La misère est l'état d'extrême pauvreté. La misère est ce qui rend la vie douloureuse, pénible. Une existence de dénuement, de souffrance.

D'après les chiffres des réserves mondiales en années de consommation, il ne reste que 41 ou 45 années pour le pétrole dans le monde. C'est-à-dire que d'ici 41 ou 45 années, le pétrole du Congo ne sera plus exploité, à moins d'aller plus au fond des océans, avec des technologies non encore mises au point à ce jour. *40 ans pour que le pétrole du Congo finisse.* Et le Congo n'a fait que gaspiller son pétrole dans des guerres civiles.